U0136037

老莊之道

張俊星 著

蘭臺出版社

» 難道這兩千五百年來老莊傳達宇宙人生真諦，我們曲解了嗎？

» 難道這兩千五百年來老莊證實生命登峰造極有美好新微域世界，我們真的視而不見了嗎？

» 難道古聖堯、舜、禹、湯、文、武、周公一脈相傳內明之道，我們遺忘了嗎？

» 不曰：二十一世紀是心靈世紀，何不重返我心深處尋回失落新世界。

» 人生苦短，就連你的影子終將黑暗來臨時離你而去！何不把握當下，學習永恆不老的傳學。

» 于今且看老莊之道是如何揭曉先人智慧？

目錄

Contents

太上清靜經 207

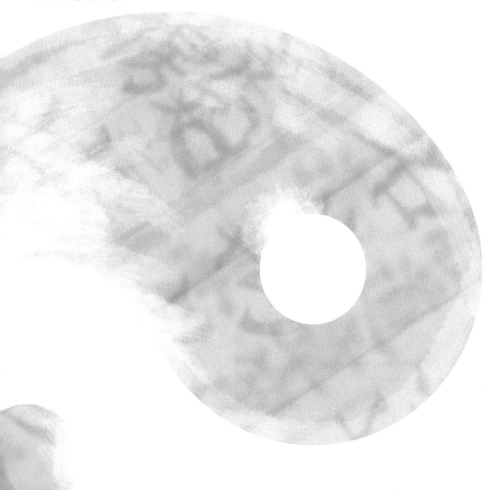

序

　　老子姓李名耳，字伯陽，諡曰聃。生於距今約莫二千六百餘年前，春秋時期楚國苦縣厲鄉曲仁里人。曾擔任周朝守職史，見周綱紀渙散，國之存亡，旦夕之間，遂不復戀棧走人，莫知其所終。快談宇宙人生奧義五千餘言，傳頌於今。唯論心不論事，字字藏機鋒，不善之惡之，不拖泥帶水，一的即中，可謂不可多得曠世奇著，曰：道德經。較之後梁達摩來我中華，武帝自誇其造寺四百八十餘座，度十幾萬出家眾。祖師據實反以告之：「若說功德，實無可言。」時隔異地，不謀而合，東西兩老所見略同！

　　緣由今時於道之動向不明居多，發心者亦霧裡看花，理不著頭緒。一日醉玩於古冊，驚見道德經有老子賦予生命真實寓意。其論天地由來，萬物形成，俱不離人們思維想像，有修有證。這相較於我等生活的世界，最先進美國航太總署網羅一時菁英份子，試圖解開宇宙的奧秘，生命物種的謎團，最是無法釐清的事實！有時空交錯的世界，是無限度膨漲，一直擴張之中，乃至往外延伸無盡，總之是放大而後千奇百怪現象。科學家發表：或許宇宙來自於渺渺小小的蟲洞，有可能無中生有…等，何在則不得而知了？三千年前老祖先堯、舜、禹、湯、文、武、周公一脈相傳內明之道，老子將之形諸於文字-道德經，公諸於世，已澈底解讀這挺有意

思時光森羅萬象。歸納其之言，莫可外求，求亦枉然。豈不知是來自你我鮮為人知的煩惱念空當下，此之暗無天日如毛孔黑洞一經開發出來，頗為驚訝。真是能包太虛，量周沙界，有夠酷吧！難怪乎佛家言之鑿鑿，一切法從心想生，煩惱即是菩提世界。亦本經（第21章）：孔德之容，唯道是從…吾何以知眾甫之狀哉？以此！一掃人人生死疑竇。套一句法語：奇哉！妙哉！不可思議哉。

同理莊子逍遙遊篇，舉鯤是何其渺小的魚子，妙喻潛藏於人人煩惱深淵之妄念種子。而鯤之化暗為明，蛻變為鳥，進化為鵬，幾乎大的不得了，不知其幾千里，實在超乎想像的大，有異曲同工之妙。史記老子韓非列傳，莊子約生於公元前369年，戰國時代，蒙人，名周，嘗為漆園史，其學要歸本於老子之言。今揀選內七篇之首逍遙遊並列老莊之道，考其詮釋人生真諦有獨到之處。莫不是大膽舉世之鮮明生動活跳跳事例，以申其無上義理。乍見狂似不羈於俗，細品其私亦足以發。各個灑脫寓意不無競合老子五千餘字真言，可以相輔相成，兩相襯托輝映。本書最終以簡單扼要太上清靜經收尾，此舉亦無非方便諸位讀者隨解而入。

觀看本書有一特色，釋義自有一套脈絡可循，若因而抓住一點即通的訣竅，全經文字敘述宛然一部人人心靈世界的饗宴之旅。惟貴在有所得，定亦莞爾默許，與古人心有靈犀，則生命登峰造極元神新微域世界再來，豈是魂牽夢縈遙不可及傳說而已。

前言

本書論事、物、眾生如下：

一、論物乃有形之體：如色身軀殼、礦植物、山河、大地…等靜態現象。

二、論事乃凡身諸根（於人云：六神）之作用：如人之言語、聽聞（蟲鳴、鳥叫、大自然風、雨、雷、電交響…等）動態現象。

三、蓋事外有物，物內有事，本來內外不二。若要強分，則如上揭一、二。

四、事物統稱：眾生、諸有、世事萬物、或一切色類眾（法）…等。以內學而言：無非是元神之形、氣、神…等淋漓盡致真身，可筆墨難以形容。為了弘揚本書之用，乃吾之不得已絞盡各式各樣解說名詞，強加以附會此乎微妙景象。

道德經

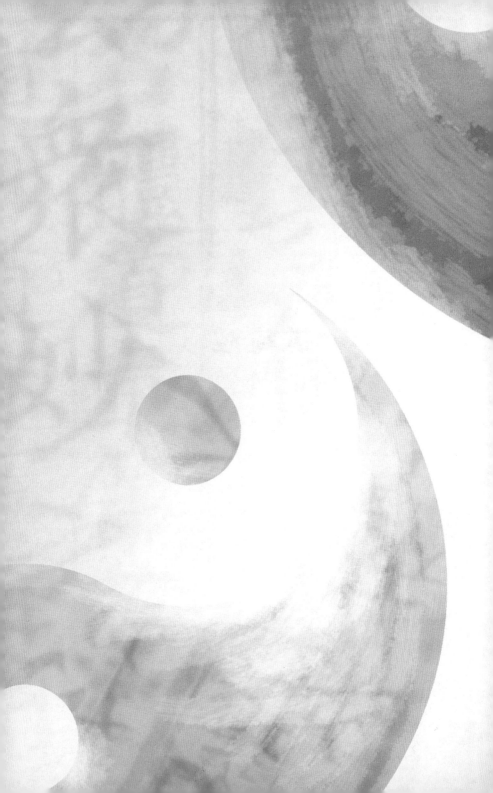

卷一：道可道—載營魄抱一

第一章

「道可道，非常道，名可名，非常名。無名，天地之始，有名，萬物之母。故常無欲以觀其妙，常有欲以觀其徼，此兩者同出而異名，同謂之玄。玄之又玄，眾妙之門。」

老子云：真實嚮往迴向煩惱有美麗新視窗元神者，莫可語，言語則非內學真諦之徑。對於世事萬物莫可存有妄想，妄念則非反求人生至高無上微域。

元神焉！是為了學習不得不巧立名目之舉，生活於天地未發生障礙之前清淨新世界。有知為元神一念節外生枝，既有觀照大權旁落，希有微妙國土憑空消失。於人曰：眼、耳、鼻、舌、身、意誕生，從此衍生有時空背景的凡世間而格格不入。是以元神埋身煩惱不見天日，是天地萬物重重隔閡來頭。

是以觀想無念：妙哉！念無當處能生。觀想域無所不念：事稱念生妙形，物稱念生大氣，即是所生諸有微妙清淨念。終日悉睹來之方，去之向？若時久矣可見證：能觀元神

長高變大英姿！原來無一物謂之空，所生這般奪時空新鮮人謂之有。此空有兩者同出新想域而有異於妄念，正是遺忘的微妙世界完美重現，是謂元神為之觀照顯眼。

日常生活的我內觀眾生，清淨眾生即是內觀，又我觀照萬物，一塵不染萬物不異於觀照。如是我乃元神觀賞空有相生不已新微域世界，是開啟一切法從心想生由徑，的確宇宙人生事實真相。

之註：
- 道：有以下幾種奧義：
  一、反（迴）向煩惱之徑。
  二、隨順之行。
  三、內觀（含見、聞、覺、知…等觀照功能）。
  總之內學元神次第。參考第十六章天乃道。第二十一章唯道是從。第二十三章同於道者。
- 常道：煩惱轉型有內觀者元神，是另闢美麗新視窗的人生。乃內學之行，生命真相。如第十六章復命曰常。參考尚書、大禹謨：人心惟危，道心惟微，惟精惟一，允執厥中。
- 名：本經之三義：
  一、世事萬物本來清淨真實相。
  二、妄念。
  三、俗世稱謂名號之眾生。
- 可名：有妄念，亦同有名。
- 常名：妄念轉型清淨眾生，按修學的進度略分：煩惱域、微域（妙域）、新微域、新微域世界。若要明察內涵，仍以各章敘述為憑。亦內求之法，人生真諦。如第十六章知常容。
- 無名：本來無一物，強名元神。參考上揭論名。
- 天地之始：先天地而生，是人人本來清淨新世界。

- 故：本經故字但有兩種精義：其一是句與句連接詞，當所以來使用。其二乃綜合主文所述，元神因自創有知燃起妄念而藏拙煩惱，又曰：思、意、想、憶…等，如學而從此脫殼成立清淨新世界，或稱先天微域、微妙國土、淨土、剎土、仙境、不老…等新微域世界。

- 故常無欲以觀其妙：常無欲，參考後三十四章常無欲，可名於小。妙，念無處能生。

- 徼：向，源。

  指解開宇宙迷思過程，得元神真相。佛家：如華嚴經介紹，破五十三品無明階位說。

- 玄：本經契入門檻，亦佛學云：見性。意謂凡我學人聞過思改，孜孜不倦，一身難伺候習氣淨了。煩惱之所在透露出新鮮人，印證如此超時空形、氣、真身，是謂內觀者。正是千年無窗暗室忽開明，人人本有元神重見光明。詳述之：是即人外有人，此人生生世世與你同在，太古以來長相左右。但祂不是由世間物質分子組合而成，確實是如假包換美妙身。祂一分一秒一時一刻都不曾離開你，只是你眼拙視而不見，不認得祂的存在。佛家稱之觀世音菩薩，或觀自在。亦是本經談的聖人。

- 眾妙之門：眾生從心想頓超新微域世界之門徑。參考前揭故常無欲以觀其妙。

第二章

「天下皆知美之為美，斯惡已。皆知善之為善，斯不善已。故有無相生，難易相成，長短相形，高下相傾，音聲相和，前後相隨；是以聖人處無為之事，行不言之教，萬物作焉而不辭；生而不有，為而不恃，功成而弗居；夫唯弗居，是以不去。」

老子云：天下之人皆知美事而求矣，即存妄念。皆知內學殊勝而偏頗刁鑽莫能行，即存邪知。則煩惱有了可求妄念而來天地存虛空，所以萬物繁榮不息，空間發生。繼之妄念有念空搭擋所以愈演愈烈，相對及時間產生。是以面對深遠所以識之淺近，有長短距離。高在上所以分別低為下，崎嶇復坎坷有層層隔障。聞聲執著音所以世界為之混亂不安。見前所以妄想後亦迢迢不絕：這經由種種有知膨脹起來的宇宙，毋不是我對手的情境，訴說多少是非曲折景象，皆是凡庸俗人擾擾無寧奔逸事。

是以真人不時懷注目憑以無妄力行一切事，時時守口領會而內學。平時面對面世事萬物焉而不棄；但使升等煩惱空來去無礙，則與我相左世務蕩然無存。亦能觀各形各色而連連不住。功淳新微域自然顯露宛如大圓鏡，而居中靈魂人物觀照者表態無不住的相續相；這即是唯有本來無住的元神露臉，是以不撇下事事物物來觀無所不住的傳奇世界。

於是乎關卡過後，走出妄念陰霾，伴隨而來愜意新生活。

之註：

- 聖人：本經談聖人，係指真人成道心路歷程：首先懷抱專注，次證得內觀，再進階觀照，終極元神者拋頭露面完身近乎苛求，享永恆自在矣。其意取決於前後文而定。是以本解稱真人，乃真心向道的人。
- 善之：本經講善，不違元神之兩造：
  一、一切善惡念簡稱妄念，而形成物質世界。
  二、另是清淨念而來微域世界。以上俟其先後文而定。
  善之乃內學元神。
- 故有無相生：故，參考第一章論故字。有，相對故字而言，指妄念而來色身。如第一章有名，萬物之母。無，對前有字而論，專指存於外在天地之活動空間，亦虛空。
- 難易相成：難，妄念。易，無妄念。參考第六十三章圖難於其易。
  指妄念有念空相成，則輾轉加劇。
- 音聲相和：和，煩惱。
  此謂音聲遭煩惱之妄念牽扯而鬧得不可開交。
- 處無為之事：無為，乃門外學習伏煩惱階段，凡事專注為之。各位現在不妨以身試法，親自體會試試看！專注之來，妄念遠離了。妄想之多，專心安在哉？如果一天到晚貪瞋癡不斷，注目之情肯定隨時拋到九霄雲外。
- 不言之教：佛經云：「言語道斷，心行處滅」。
  乃言語、妄念盡是反向內學之障。
- 萬物作焉：汎指人人六神之作用，如眼見色、耳聞聲、鼻嗅香、舌嘗味、身觸、意念，亦平時應對世事萬物。參考前一章有名，萬物之母。
- 不辭：不避，不棄。
- 為而不恃：為，指人人原來內觀或其變異之妄念。亦視其文

中出現位置而論。

· 功成而弗居：功成，新微域。弗居，指觀照者特點無不住。
　乃指新微域有如一面具體而微的鏡子，反映出來眾生馬不停
　蹄相續相，是即不息觀照者。

· 夫唯弗居：本來無住元神。同第一章無名，天地之始。

· 是以不去：此之新微域世界是彼有時空天地之一體兩面，
　可說是卸下時光驅局而來，真乃傳奇，是以亦非另有他方一
　處。

第三章

「不尚賢，使民不爭；不貴難得之貨，使民不為盜；不見可欲，使民心不亂；是以聖人之治，虛其心、實其腹、弱其志、強其骨。常使民無知無欲，使夫智者不敢為也。為無為，則無不治。」

老子云：不刻意注重世事萬物，意無爭求鬥較，淡於定；不崇尚物稀榮祿名利事，意無非分妄舉，守於靜；不見喜惡嗜癖，意無脫緒亂動，住於安。

是以真人內明元神之跡。不亦如是先於定，再乎靜，後來安，要在許下痛定思痛決心得意？但先求無意、待意內捎來清淨眾生喜訊、得內觀隨順而不敢稍怠、迫使亭亭玉立般元神現身接受群眾歡呼喝采。

簡言之：乃這位與我同行內觀者一路走來，必然自證觀照無知即是新微域不可思議，如此搭配出曼妙新微域世界，是元神尊者到位而大開眼界。之前那聰明想太多妄念拋諸腦後，今後不再刁鑽非為。

是以每天日昇日落行、住、坐、臥、舉手投足之餘，無不反印於無妄處。不也是隨時隨地來觀照，則莫不是我元神十分驚人美貌。

之註：

- 不尚：不注重，似不分別。
- 賢：喻世事萬物。
- 使民：使，乃專指煩惱而言。民，是帶有煩惱凡眾，亦其之妄念。或由妄念轉變形、氣、神、真身、清淨眾生（念）者…等諸佔滿空間實相，可謂內觀，觀照，元神。概括而言：其皆可分別代表單獨個體。

  是以使民，乃指一般凡夫眾生。
- 不貴：不崇尚，似不執著。
- 盜：妄圖。
- 不見可欲：不可喜惡之癖，似不妄想。
- 聖人之治：內明元神之學。如第二章論聖人。
- 其：本經其字，概指元神之顯與隱。顯之清淨真身、內觀、微域。隱之妄念、凡人眾生。
- 虛其心：心，煩惱。

  乃無善惡念，無意耳。
- 實其腹：意真有妙眾。如第十一章聖人為腹不為目。
- 弱其志：弱，不妄煩惱隨順乎。志，清淨妙身。

  是指內觀隨順不已。
- 骨：本經論骨乃元神，以其原來亭亭玉立般。
- 常使民：此指真人而有內觀者做伙伴的美好人生。參考第一章故常無欲以觀其妙。暨前揭使民不爭。
- 使夫智者不敢為：使夫，此是煩惱完成優質化新微域世界。智者，承使夫乃新世界元神者。不敢為，觀照。
- 為無為：為，如第二章為而不恃。無為，如第二章是以聖人處無為之事。

  日常施為舉措行為無不反射於無妄處，乃隨順觀行。

第四章

「道沖而用之，或不盈。淵兮似萬物之宗；挫其銳、解其紛、和其光、同其塵，湛兮似或存。吾不知誰之子，象帝之先。」

老子云：元神一念造假本來觀照失去作用，當然淪落偽意的凡身軀殼。的是表現於日常生活這等事，如此平凡無奇而毫不在意。肇因先天意域本來充滿熱鬧非凡眾生而今無。

元神兮驚驚縮縮於頭腦相似妄念而非，從此遺忘了是宇宙萬有源由；則唯有磨練與之一線相隔清淨念復出，可以化解天地無明。亦即平時凡事諸眾重登元神煩惱域頓成終結時空美人氣，可澈底瓦解相抗對峙、而來元神內觀豈惟證明無妄念而已，更將情世般錯綜複雜亂源轉之磅礡新氣勢，可有條不紊、俟綻放了美輪美奐新微域，是洩露了元神反觀自照實相、如是擦出好看的新微域世界，乃此一時愛現的元神恆順眾生而去。

言而總之：了了分明不凡眾生兮，是清淨新世界如今又真實呈現。而各各眾生俱是剎那我自己，吾不知誰是誰矣！是人人本來不動元神存在於妄念前之觀照。

之註：
・道沖而用之：道沖，元神先天一念沖走而假意來。用之，日常生活行儀。

乃凡眾之迷於世有相向情境而毫無所悉。

- 本經有關盈字臚列如下：

一、或不盈：或，有、無，二擇一，亦不定。此言先天微域本來充滿眾生而今無。

二、盈：煩惱微域有充足眾生。如第二十一章窪則盈，第三十九章谷得一以盈。

三、盈之：煩惱充斥暇想。如第九章持而盈之。

四、大盈：微域現象。如第四十五章大盈若沖。

五、不欲盈：無妄內觀。如第十五章保此道者不欲盈。

六、不盈：看生看滅觀照，生滅不住，不可思議。如第十五章夫唯不盈，故能蔽而新成。

- 淵兮似萬物之宗：淵，深不可測元神。萬物之宗，乃是妄念。參考第一章有名，萬物之母。

是謂元神退縮於煩惱相似妄念而非本尊。

- 挫其銳：其銳，元神之隱於妄念，造成尖銳對立很難堪世情。如第三章論其字。

此敘明元神惟有另一面顯示出來清淨人，才能化解世間對峙情勢，亦煩惱域之棄暗投明。

- 解其紛：乃內觀當下：一、解決亂哄哄妄念。二、解決世事紛亂，可有條不紊。

- 和其光：和，此指煩惱升級的新微域。參考第三章音聲相和。光，觀照。

- 同其塵：同，新微域世界。參考第一章同謂之玄。塵，喻世事萬物。

- 湛兮似或存：湛兮，了了分明兮。參考太上清靜經第七章湛然常寂。似，此指妄念又轉不凡眾生。參考前揭淵兮似萬物之宗。或存，對應前指或不盈，乃失去的清淨新世界回來了。

- 象帝之先：象，人人本來不動元神。帝，人人六根之首煩惱地。

乃細說煩惱地有妄念侵佔不去，則變現衝突對作人間情境。
是以之先，乃是妄盡還源觀，茲謂元神先天微域。

第五章

「天地不仁，以萬物為芻狗；聖人不仁，以百姓為芻狗。天地之間，其猶橐籥乎！虛而不屈、動而愈出，多言數窮，不如守中。」

老子云：這世界般般樣樣本來是清淨真身所在，怪它妄念光顧把身纏，天地之鎖如銅牆鐵壁般牢固不漏，萬物隨運興衰未卜，徒嘆奈何；是以元神隱沒內觀不出，亦祇得流轉走卒諸類身。

天地之間本來存在於元神新微域乎，猶如古時鑄鐵冶煉用風箱！四面具體而微而中空、隨眾生所化真氣流入、亦全開推出、一來一往不中斷。言語、雜想，居間而生而滅觀照不見了，天地障來侵襲矣。

不若守住煩惱其中擎天一柱元神隨之不偏不倚觀，天底下蒼生俱皆一躍而上我先天微域子民。這無異於過著鎖離障弨無拘無束的方式，充分享受忘我的創意生活，真實得天下大自在也。

之註：
- 不仁：仁，字二人，乃是於世事萬物得證清淨身，亦即真人有貼身內觀者。
  是以不仁，則相對之惟妄凡情眾生。
- 其猶橐籥：其，元神之新微域。參考第三章論其。橐籥，古

代鑄造冶煉風箱，內中虛。令風氣流入，亦全開推出，助燃
矣，一來一往，火旺。

‧虛而不屈：虛，妄消處。參考第三章虛其心。
　指煩惱念消處顯示出來，具體而微、微乎其微。

‧多言：言語、雜想紛飛。

‧數：乃煩惱當處出生隨處滅盡，連綿不絕觀照景象。

‧守中：守住煩惱其中元神，亦作觀之際非空非有，不偏不倚。
　參考第二十一章其中有信。

第六章

「谷神不死,是謂玄牝;玄牝之門,是謂天地根;綿綿若存,用之不勤。」

老子云:元神新微域是人人不可思議本質,亙古長存於今,可謂中間觀照遁跡於妄念焉;是以妄念者,居於人之六根煩惱門面,得以登台擔綱表演,是謂眼見色、耳聞聲、鼻嗅香、舌嘗味、身觸、意識之世事萬物由來;可謂具體而微,微乎其微,常存不虛。

苟依元神起用而不觀照之煩惱眾生,則竟日為生活而忙,為工作而煩。舉凡揚眉瞬目應對進退之日常言行舉止,無不因其源源而來,總是四體勞形不已。一語道破了!一生但俯首稱臣於妄念的戲弄,保證令你東張西望心猿意馬,愛上奔波無息,到頭來白白疲倦了一場。

之註:
- 谷神不死:谷,元神如谷精深不見底,是以大地了無寸土。神,乃新微域是人人不可思議本質,在聖不增,於凡不減。不死,亙古長存。
- 玄牝之門:玄乃觀照,對照上一句谷。通第一章同謂之玄。牝是雌性,喻妄念。對照上一句神。門,人人六神之母煩惱。如第一章眾妙之門。
- 天地根:世事萬物來源。
- 綿綿若存:具體而微、微乎其微。
- 用之不勤:日常忘了本來內觀者而盲目起用,斷然煩惱當家作主。如第四章道沖而用之。

第七章

「天長地久，天地所以長且久者，以其不自生，故能長生。是以聖人後其身而身先，外其身而身存。非以其無私耶！故能成其私。」

老子云：天長地久，天地之所以長且久者。以其不作意，所以能長長久久。

是以觀照者之後有龐大無比元神為身，而微妙身先於妄念生。乃能以世事萬物按無妄處，揭開千古不朽新妙域是觀照權且的臉譜，自是睜開眼瞼的元神得以永永遠遠長存。非是以元神無妄念耶！乃真人手持內觀寶劍沿途純粹踩著煩人惱念而來，可說我煩惱重造的新微域世界元神已非昨日妄念，而是今無盡眾生。

之註：
- 不自生：不作意。
- 故能長生：故，連接詞所以。如第二章論故字。
- 聖人後其身而身先：聖人，指觀照者。如第二章談聖人。身先，微妙法身。參考第四章象帝之先。
- 外其身而身存：外，指世事萬物。如太上清靜經第七章外觀其形。其，如第三章論其字。
- 非以其無私耶：私，妄念。
- 故能成其私：故，煩惱，新微域世界。

第八章

「上善若水，水善利萬物而不爭，處眾人之所惡，故幾於道。居善地，心善淵、與善仁、言善信、正善治、事善能、動善時。夫唯不爭，故無尤」

老子云：元神怒放具體而微新妙域，宛如不相上下觀照者，元神觀隨照萬物而牽引出新微域世界。位於人人煩惱所之憂惱妄念處，是以幾乎等同煩惱而無妄隨順當下。

先天元神一念之差，登上了陸地進駐於凡兒身，有時空天地障悄然發生。是故元神退隱腦子裡，乃人世間一切是非善惡對立情境緣由。這亦是妄念與真身交會之所在。自妄念變化清淨身，莫疑元神初來乍到是也。亦元神妙境煩惱域重見天日。而今而後，元神能恢復隨眾入觀不疲累，那是足以對治無邊的悶人惱念。是以元神站出來恆順莫不剎那際大放異彩，這次真正是長此以往。

這唯真的享有妄念殘缺之美觀照者掌舵，彼之爭較熱惱盡遣，昔之老是剉咧等，再沒俺的分，一身了無牽掛。是以從煩惱脫身出來高大難了元神淨土世界，從不怨恨怪罪於人。

之註：
・上善若水：上，人人頂上煩惱。善，此承上指元神具體而微新妙域。本章善字賦多，請參考第二章論善。水，此指觀照

特質，如水這麼的隨順無阻矣。

• 利：本經利字有二：一是有殊榮清淨身。一是平時一切往來有利益情事。

• 眾人之所惡：人人之煩惱所雜念。參考第二章天下之人皆知美之為美，斯惡已。

• 居善地：居，接上而言，指先天元神。
　先天元神還俗身，退化於世事萬物。

• 心善淵：心，煩惱。如第三章虛其心。淵，元神。如第四章淵兮似萬物之宗。

• 與善仁：仁，通第五章天地不仁。

• 言善信：言善，元神作用即人之六根，如根根互通無礙，以言為主，六神皆言，餘推之…。信，是深信不疑的元神。

• 正善治：正善，意下負面的妄念閃一邊，正面清眾來。治，如第三章為無為，則無不治。
　乃指元神之煩惱域出現。

• 動善時：參考第五章動而愈出。

• 夫唯不爭：不爭，本經有二義。一曰無妄念所在，如第三章使民不爭。二曰元神不可思議觀照而來新微域世界，如前述水善利萬物而不爭。可是斟酌前後句而為之。

• 故無尤：尤，歸咎怨恨。
　此指元神新微域世界。

第九章

「持而盈之，不如其已；揣而銳之，不可長保；金玉滿堂，莫之能守；富貴而驕，自遺其咎。功成身退，天之道。」

老子云：提著世事萬物不放，身上煩惱充斥暇想，不如有相見不相識萬有本體，惟虛心無知；倚才傲物，鋒芒太露，久必摧折；黃金寶玉滿屋，莫能永持，獨自消受；享榮華富貴光環，此人必敗，災厄離之不遠。凡功成名就不費心佔有之，這世事不過爾爾罷了，罷、罷、罷！暗合元神觀體照妙。是謂學習生命至善之道！反求新微域世界。

之註：
- 盈之：參考第四章盈字詮釋。
- 不如其已：其，參考第三章論其字。已，成也。
  是謂人人本來元神毫髮未損，是宇宙萬有的本體，可以坐享其成新微域世界，生命事實真相。
- 遺：留也。
- 咎：災厄。
- 天之道：本經論天，係指人人之煩惱，以其拓展開來，如天般無垠。參考第十六章天乃道。
  是謂摸索天外有天，人外有人，面向全新未來元神妙域之道。

第十章

「載營魄抱一，能無離乎？專氣致柔，能嬰兒乎？滌除玄覽，能無疵乎？愛國治民，能無為乎？天門開闔，能為雌乎？明白四達，能無知乎？生之蓄之，生而不有，為而不恃，長而不宰，是謂玄德。」

老子云：凡眾學習專精乎一言一行一舉一動尋常事，能無妄念不離乎？凡事精益求精突破煩惱念得偌大身形，能小心翼翼呵護著初生內觀乎？

反觀諸有惟微並存危意，能內學不中斷乎？歡喜煩惱域讓內觀者愛出風頭，能時時排妄隨順乎？當六根門戶洞開煩惱含藏無邊國域，能親睹是諸眾生來處乎？發現萬古留傳於今新妙域不可思議俏體，能認得一切無非我觀照煞生煞滅面容乎？

乃妄知斷了所在，勁爆前所未有超妙身，妙觀裡含知。是知無不新，新新不住。平時隨觀元神亦不帶走一知半見。當這麼高高大大的元神使出渾身解數出來，惟有領眾恆順疾疾如律令。是謂由煩惱門踏入元神超大視覺享受清淨新世界。

之註：
· 本章各段落結尾，皆以能字反問？旨在闡明有能力內學真人，是否節節創新美好境域？

- 載營魄：凡眾之身心。
- 一：本經論一，有內外之分：門外曰專注，入門曰內觀。亦對照前後文而定。
- 氣：喻煩惱念如氣，這般飄浮不定，實在難以捉摸，是相似而非先天微域之神、形、氣真身。
- 柔：微樣身形。
- 嬰兒：喻赤子內觀聖誕囉。
- 滌除：釐清，劃清界線。
- 玄覽：反觀諸有，內學。如第六章是謂玄牝。
- 疵：中斷。
- 愛國治民：國，人人內在煩惱域。治民，猶時習於內觀者元神福臨。通第三章論民也。
- 能無為乎：能無妄隨順乎。參考第三章為無為，則無不治。
- 天門開闔：天門，人人六根之門戶，煩惱。參考第九章功成身退，天之道。第六章玄牝之門。闔，全也。
- 能為雌乎：為，如第二章為而不恃。雌，妄念，亦喻眾生出處。參考第六章是謂玄牝。
- 明白四達：指具體而微新妙域，不受天地束縛。參考第五章天地之間，其猶橐籥乎！
- 無知：生滅不住觀照。通第三章常使民無知無欲。
- 生之蓄之：生之，此謂煩惱裏頭大暴天量妙身。蓄之，接生之而言，妙在內觀一切超級身形成不二知。
- 生而不有，為而不恃：通第二章生而不有，為而不恃。
- 長而不宰：長，互古既存元神。不宰，恆順。
  是謂元神恆順眾生。
- 玄德：玄，觀照。德，清淨新世界。
  元神之觀照即是清淨新世界。通第一章同謂之玄。

註：疾疾如律令：律令，指有規律煩惱新世界，生生不息。參考第十九章故令有所屬。

老莊之道

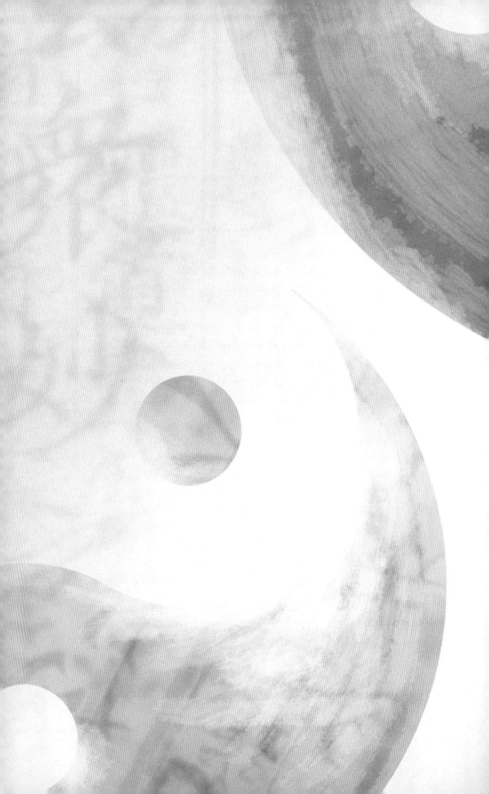

卷二：三十輻共一轂—絕學無憂

第十一章

「三十輻，共一轂，當其無，有車之用。埏埴以為器，當其無，有器之用。鑿戶牖以為室，當其無，有室之用。故有之以為利，無之以為用。」

老子云：三十支車輻拱一支車轂，中空，車動也。搏揉黏土使成器皿，中空，器得以盛物。造屋，以窗分內外，內空，有室可用。是以世人以為動煩惱來了妄念，無往不利，乃是本然。殊不知係因存於念空了之元神，頭腦乃可靈活運用。

之註：
- 輻：車輪中之直木。
- 轂：車輪中心穿軸之圓木。
- 埏埴以為器：埏是和，埴是土。和土為內外之器，內鼎器可用。
- 牖：窗戶。
- 故有之以為利：故有之，有煩惱世人。參考第二章論故字。以為，敘明妄念總是站在主動之一方，此無厘頭過動難於有效控管。參考第二章論為單一字。利，參考第八章論利字。
- 無之以為用：無之，元神。參考第一章無名，天地之始。

第十二章

「五色令人目盲，五音令人耳聾，五味令人口爽，馳騁田獵，令人心發狂；難得之貨，令人行妨；是以聖人為腹不為目；故去彼取此。」

老子云：這個世界五光十色啊，令人眼花撩亂。靡靡之音啊，令人震耳欲聾魂牽羈絆。珍饈佳味啊，令人貪於三寸口腹。畋獵田際，見物心野，令人慾意奔放踩不住；激賞奇珍榮祿名利事，迷之令人意忘矣。

獨自賦閒之餘，在寂靜當下，難道不曾思索過究竟我所為何來？一生非得要走到老成一個牌位，這條絕人之路不可嗎？是以真人畢生致力於內學轉意為當務之急，不為眼前短暫享樂；則意捨妄念來空蕩蕩元神能觀也。

之註：
- 五色：五光十色，雜也。
- 令人：令，妄念。色身六根其中眼、耳、鼻、舌、身五根是無為之屬，有別於聽令煩惱之有為妄念。
  指妄念絲毫不減凡人，為慾望左右。
- 心發狂：欲之奔放不止。
- 行妨：一味的向外追逐而忘心。
- 為腹：致力於轉意。通第三章虛其心，實其腹。
- 為目：只為眼前一切享樂。
- 故去彼取此：彼者妄念，此者觀照。緣其一體兩面。

第十三章

「寵辱若驚，貴大患若身。何謂寵辱若驚？寵為上、辱為下，得之若驚，失之若驚，是謂寵辱若驚。何謂貴大患若身？吾所以有大患者，為吾有身。及吾無身，吾有何患？故貴以身為天下，若可寄天下；愛以身為天下，若可託天下。」

老子云：人生在意順逆寵辱晃盪不安。觀有身是一生最大憂慮。

何謂寵辱若驚？得勢之際意揚、失勢之際意沉。得失之間，七上八下，喘喘無息之謂，是謂寵辱之中妄念如潮水驚濤駭浪。何謂觀有身是最大憂慮？吾所以有大憂者，為吾有身，血肉筋脈和軀，生老病苦如影，無恙亦一時之倖。及吾無凡體肉身形骸，吾有何慮？

是則意隨順之難得，在於身子骨能忍受日常微細的繁瑣事物，如同將妄念架空了，可以委身一切廣類諸有，碎念不是就此打住了；愛以這凡人身成為無有病痛的空無實體元神，不就是觀照一再還諸於人民大眾。

之註：
· 寵：得勢，人生坦途順境。
· 辱：失勢，逆境。
· 寵為上：意揚，快樂莫名之狀，如新微域世界的法喜充滿。

參考第八章上善若水。

・辱為下：之謂意沉，妄念宛然墜入萬丈深淵，五里迷霧中，難於測知。

・天下：世事萬物，或本來空無實體元神。其之互為表裡。

・貴：一、重視。二、隨順之徑。

第十四章

「視之不見名曰夷，聽之不聞名曰希，搏之不得名曰微，此三者不可致詰，故混而為一。其上不皦，其下不昧，繩繩不可名，復歸於無物。是謂無狀之狀，無物之象，是謂惚恍。迎之不見其首，隨之不見其後。執古之道，以御今之有。能知古始，是謂道紀。」

老子云：能親睹不在眼識，但感同神狀形氣而身授曰清淨真身相，謂之不分別。能聽而不用耳識曰內觀，謂之不執著。日常能聞觸而無一所有曰先天微域，謂之無妄想。此三者俱不可擅自憑意鑽研取知，亦即人人煩惱本來元神之觀照了不可得態勢。可謂窮盡世間學亦不可知了。

元神之上新微域非顏色鮮明對比，可謂具體而微宛若不變異。元神乃之觀照諱莫如深，亦非不明，可謂微乎其微。

平時迎事接物隨緣之至，之新微域具體呈現如繩結般真身獨佔鰲頭，頭出頭沒，稍縱即逝，當中不可夾雜想法，旋歸於無妄念。此之謂無中生有，亦是無妄內觀。之所謂不可思議急急乎觀照，乃任由感觀元神廣大微妙平等相，此當面不容錯過勝景，可也隨之杳無蹤影。這一瞬之美，真乃唯前而不見元神之後有多麼巨大是也。

　　此人人由煩惱還原千古不改元神新微域，以莫逆之交觀照當下畢竟不可得世事，過、往、現在同時存在矣。能親閱你我無始以來造物主元神稀有高貴的風采，能生活在新微域世界不用擔驚受怕的優雅環境，是謂順應天地自然現象，人生疑點撥雲見日。

之註：

- 視之不見名曰夷：視之，親睹，亦感受。不見，不以眼識，不用妄念。名，妙色身。參考第一章論名。
  之謂眼識見不著，但感受神狀形氣曰夷，亦清淨真身相，是不分別。
- 聽之不聞名曰希：希，本來內觀。
  之謂耳聽而不用識曰內觀，是不執著。
- 搏：日常生活聞觸一切事物。
- 微：先天微域。
- 致詰：用意究實鑽研。
- 一：元神無為觀照。參考第十章載營魄抱一。
- 其上：參考前一章寵為上。如第八章上善若水。
- 皦：玉之白，喻顏色。
- 其下：指元神觀照甚深難測。參考前一章辱為下。後六十一章以靜為下。
- 繩繩不可名：繩，喻煩惱有束縛妄念，或轉無拘束微形真身。
  此乃剎那真身連綿不絕，而不夾雜妄念。
- 無物之象：物，指世有物質形成，來自於有妄念。象，內觀。參考第四章象帝之先。
  故無妄念之內觀。
- 惚恍：惚是視恍者之能觀，乃無妄所。恍者動盪之事物，謂之有。
  是故似無若有，無中生有，觀中妙有之義，不可思議觀照。

- 迎之不見其首：如前揭視之不見名曰夷。
- 隨之不見其後：後，元神。參考第七章是以聖人後其身而身先。
- 執古之道：執，煩惱。古之道，遠古以來元神新微域的真相。
- 以御今之有：御，統帥，乃人人六根居首妄念。今之有，人人六根形成目前世事萬物。

  此指以觀照淘汰妄念，乃能統一人之六根。
- 古始：元神新微域世界。如上揭古之道。第一章無名，天地之始。
- 道紀：道之準則，隨順耳。如第一章論道也。

第十五章

「古之善為道者，微妙玄通，深不可識。夫唯不可識，故強為之容。豫兮若冬涉川，猶兮若畏四鄰，儼兮其若客，渙兮若冰之將釋，敦兮其若樸，曠兮其若谷，渾兮其若濁。孰能濁以靜之徐清，孰能安以動之徐生。保此道者不欲盈，夫唯不盈，故能蔽而新成。」

老子云：古時真人巧學觀照遊子與元神者破鏡重圓之徑！但知微妙真身潛乎意，獨獨內觀者一線相通，因凡身六根緣不到，深藏不露。這惟有非世人意識可及，則似乎闖出煩惱險關在於落實處處小心謹慎為妙，以事事隨順不離於用容二字的新方式生活。是以勉強描述自意根扭轉乾坤的變化。

首要提起戰戰兢兢兮，如隆冬涉冰川危危顫顫的腳步。似猶獸兮，專注四周突來險象。恭敬拿順兮，視妄念如過訪賓客。離妄兮，若冰凍之空將融化以換取有容。成功破冰塑造出妙素人兮元神，如內觀自己。由意向上推升新微域朗朗兮元神，如觀照劃上等號。這時又有不可思議觀照元神風風光光上場，唯有隨順滾滾而來萬物兮，一切彷如回歸快樂煩惱。

誰能令煩惱之妄念沉澱下來，俾以逐次釐清真相。誰能放空以容許眾生來去，而成就一切時中源源相繼清淨身。是學之從無到有妙身者，不正是本來的無妄內觀而何也？夫唯迷途許久之觀照者喜相逢，乃能壓抑於頭腦經年累月之元神，重新綻放微妙非凡景象。

之註：

- 古之善為道者：古之，此乃元神反面，仍保留凡身真人而言。有別於前一章古之道。善為，觀照。如第八章上善若水。第三章為無為，則無不治。道者，人人生命元神者。參考第一章論道。
- 微妙：微妙真身，亦先天微域各色各樣非凡真身景緻。如前一章摶之不得名曰微。暨第一章故常無欲以觀其妙。
- 玄：內觀，入道門徑。參考第十章是謂玄德。
- 深不可識：深，對照上揭玄字而言，指無妄所內觀者。識，意識攀緣。
- 豫：遲疑不決，猶似戒慎恐懼的心情。
- 猶兮若畏四鄰：猶兮，指猶獸警覺性高，喻本有專注。參考莊子逍遙遊將猶陶鑄堯舜者也。畏，指妄念之難以捉摸。此謂惟有提起專注，以克服很是囂張妄念。
- 儼兮其若客：儼，莊重恭敬順從貌。其，參考第三章論其也。
- 渙兮：離兮。
- 敦：誠懇，喻清淨真身，亦如妙素人。
- 樸：實實在在內觀者。
- 曠：朗朗開闊。
- 谷：參考第六章谷神不死，是謂玄牝。
- 渾：如滾滾江水湧流聲，喻萬物之不絕於耳。
- 濁：水不清，混亂，喻煩惱。
- 以靜之：使之妄念沉澱。

- 保此道者：指迴向學習從無到有此妙身者。
- 不欲盈：無妄內觀。參考第四章盈字詮釋。
- 夫唯不盈：指觀照。參考第四章盈字詮釋。
- 故能敝而新成：故能敝，神隱於煩惱之元神再來。參考第一章故字。新成，不凡真身景象，新微妙世界。

第十六章

「致虛極，守靜篤。萬物並作，吾以觀復。夫物芸芸，各復歸其根，歸根曰靜，是謂復命。復命曰常，不知常，妄作凶。知常容，容乃公，公乃全，全乃天，天乃道，道乃久，沒身不殆。」

老子云：究竟無，一念不生，全神灌注於意空。忽明萬物從此而生，是吾之內觀再現風華。

夫世事萬物紛至沓來，各各樣樣莫不歸返意源。如此清淨人眾類無非妄念改邪歸正之內觀曰靜。茲清淨內觀銜命誕生稱之復命。這無始以來觀照者從裂縫中洗盡鉛華露面曰常。未深明純真觀照即是一切妙眾生大義，妄圖復惱念不已，禍已伏之。

明白清淨真身乃煩惱有容。容乃煩惱域妙公眾人物出入場所。公乃人人六根門前微域，是無事不與，無物不包，全無破例。全乃從來不榮不枯新微域具體陳現繽紛亮麗。這微妙國域恰似缺一不可觀照者，輕踏著愉快步伐歸位元神大道。道是有眼的元神恆順生生世世重重無盡，俗身歿新微域世界永不再迷失。

之註：
- 致虛極：致，盡。虛極，從未喚醒之元神。參考第三章虛其心。

乃是一念不生。

- 守靜篤：守意空專注耳。
- 歸根曰靜：根，煩惱室妄念併居內觀而相斥。通第六章玄牝之門，是謂天地根。此之對照上句「夫物芸芸，各復歸其根」，的指內觀無訛曰靜。
- 是謂復命：是，指此前句歸根曰靜。

  亦謂茲清淨內觀，稱之復命。

- 知常容：知，本經談知有二：有煩惱念之自我認知。亦有通過煩惱經認證人生大知，清淨念。乃參考句中出現位置而下定論。容，如第十五章故強為之容。

  明了煩惱之想法退場而清淨真身卡位，亦即煩惱有容。

- 久：指元神恆順歷久彌堅。

第十七章

「太上，不知有之；其次，親而譽之；其次，畏之；其次，侮之；信不足焉，有不信焉。悠兮其貴言。功成、事遂，百姓皆謂：我自然。」

老子云：強渡人人煩惱有藏身不可一世元神者，唯不知是自家本色；元神乃一變而為妄念，才有私情向之膜拜讚頌不已，而無關乎己；元神再變成為俗身，人才有視之神聖不可侵犯，而敬怯不銘；元神末變落入了煩惱圈套，感染惡習，才有輕蔑之如敝屣；凡此皆是信心不足焉，或不相信焉。

元神之跌入煩惱深淵兮轉身不見了，這凡人當然一副悠哉悠哉自己想自以為是，總之口無忌憚！如事業有成順遂其所願，天真匹夫猶巧言兀自以為：吾功勞機運能力所達成！

實在毫無所悉一切施為造作，皆是來自於一直被冷漠而遙相呼應元神者。俗諺：老天爺有眼。

之註：
- 太上，不知有之：太則超矣。上是人人透頂煩惱，如第八章上善若水。有之，指元神。
  以此形容強渡人人煩惱，竟然不知有藏身不可一世元神者。
- 親而譽之：親，私念，私心，亦妄念。譽，讚頌之。
- 畏之：如第十五章猶兮若畏四鄰。
- 其次有三：元神一步一步誤入迷途的流程。參考第三章其字。

- 侮：輕蔑侮辱之。
- 悠兮其貴言：乃元神之秘藏不宣，煩惱由妄念作莊，一副自以為是，口無遮攔。
- 功成事遂：功成，如第九章功成身退。
- 百姓：凡夫眾生。

第十八章

「**大道廢，有仁義；智慧出，有大偽；六親不和有孝慈，國家昏亂有忠臣。**」

老子云：世人迴向煩惱之徑不學了，乃有往外追求仁義節烈這檔事；煩惱域之清淨人出走，隨即而來假相作主，乃有聰明狡詐偽裝行為；人人門面新微域垮台，弄得六神不相識，搞的根根烏煙瘴氣，乃有不累於孝順慈愛這般事。先天微域元神人間蒸發，不解隨順真實義，乃有一股腦兒往忠肝義膽事蹟裏頭鑽。

之註：

- 大道：迴向煩惱之徑，亦元神之內學，緣其本來奇大無比。
- 有仁義：關鍵於有字，乃世事仁義節烈這些事。參考第一章有名，萬物之母。參考第八章與善仁。
- 智慧出：智是煩惱域：有產生妄念之世間凡夫俗子，有出世間煩惱域之清淨人。參考第三章使夫智者不敢為。此談煩惱域所在清淨人既出，隨即妄想雜念作主。
- 六親不和：六親，乃人之眼、耳、鼻、舌、身、意。參考第十七章親而譽之。和，煩惱地不獨妄念而已，更有微乎眾生好樣子。如第二章音聲相和。第四章和其光，同其塵。之謂造成人人六神彼此不相識，係門面新微域不在。
- 國家：國，微域。如第十章愛國治民。家，內觀自煩惱域返回元神家鄉。通後五十四章以家觀家。是謂先天微域元神。

第十九章

「絕聖棄智，民利百倍；絕仁棄義，民復孝慈；絕巧棄利，盜賊無有。此三者以為文不足，故令有所屬。見素抱樸，少私寡欲。」

老子云：作天下第一等人，千萬不可引發聖人不當的聯想。重建天地事實真相，不是仰賴世間有為科算法可以得之。惟有拋棄幻想妄圖，則元神先天微域擁有算數不盡無偽子民。

追求內明人生真締，應切絕有面具善行。能親證清淨法身，是破無明之始，猶忌一昧遊走有所求道義事。這才總又叫人招呼可愛的內觀者隨順眾生回頭。

是以凡事不用謀意，不沽求高名厚利。那煩悶憂念可以不再逼人太甚了，這回煩惱準備重燃無限的新希望。

上揭三者不再妄想執著於時下世事萬物，是以煩惱之妄念將有好的歸屬。必然轉嫁真正好神氣素人在望，平時生活在在處處緊守無妄內觀者不放。果若如此，肯定妄念不來，貪瞋癡三毒不復鼓譟為患，待有不可思議觀照的元神則是新微域世界。

之註：
·本章乃老子勸戒學習者：勿要先預存聖人不當聯結，或構

思新微域世界的藍圖。蓋天地真相，絕非預料中的事，或是另有去處。乃至於聖人完美出現，亦非有形相凡塵身可以比擬。尤忌一廂情願自我感覺良好，非聖而何！白白自毀了一生大有可為的轉變契機。

- 絕聖棄智：聖，元神。智，參考前一章智慧出，有大偽。人人元神新微域世界真相，不可以世間有為科技…等法得知。惟杜絕妄念隨順為之，方可揭曉謎樣人生。
- 民利百倍：民，如第三章論民。利，如第八章談利。
- 絕仁棄義：仁，參考第五章論仁字。義，公處，亦清淨身出入所在。參考第十六章知常容，容乃公。第十八章大道廢，有仁義。
- 孝慈：順從諸有眾生。
- 絕巧棄利：巧，謀意。利，參考前揭民利百倍。
- 盜賊無有：盜賊，如第三章使民不為盜。
- 此三者以為文不足：此三者，乃言前揭絕聖棄智、絕仁棄義、絕巧棄利。以為，妄想。如第十一章故有之以為利。文，世事萬物。
- 故令有所屬：令，參考第十二章五色令人目盲。
  可煩惱之妄念歸屬於民利百倍、民復孝慈、盜賊無有。乃進道由後往前推之次第。
- 見素：無瑕疵眾生，神狀形氣。
- 抱樸：無妄內觀者。通第十五章敦兮其若樸。
- 少私寡欲：少私，有不可思議觀照元神。參考第七章非以其無私耶！寡欲，新微域世界，妄念絕跡。參考第三章常使民無知無欲。

註：回頭：頭則念頭，煩惱耳。諺語，回頭是岸。佛家云：煩惱即菩提。

第二十章

「絕學無憂，唯之與阿，相去幾何？善之與惡，相去若何？人之所畏，不可不畏。荒兮其未央哉！眾人熙熙，如享太牢，如春登臺。我獨泊兮其未兆，如嬰兒之未孩。儽儽兮若無所歸！眾人皆有餘，而我獨若遺。我愚人之心也哉，沌沌兮！俗人昭昭，我獨昏昏。俗人察察，我獨悶悶。澹兮其若海，飂兮若無止。眾人皆有以，而我獨頑且鄙。我獨異於人，而貴食母。」

老子云：我煩惱學無為無住無憂無慮。唯之與世人有為有住有記有問學。分別若何？之內學與外學，有何差異？

人人之頭腦疑東疑西成了慣性，不可不稍稍加以著墨看緊。妄念之不理，可比縱虎歸山兮，必也天南地北無邊無際，算計無所不至哉！後述其之差別：

一、人皆熙攘如織外逐也，若處蔽室大牢裡享受人生，那似春遊登臺遠眺賞芳，有天際線的屏障。我獨自駐足兮煩惱之徑，如內觀者未形成之前，但先聚精尋尋覓覓妙人眾。如遺棄木頭人兮，這好比丟妄之煩惱無依無靠，蓋有所待也！二、人們皆是有意博聞探討強記，我獨不留丁點兒假念。我若愚人不想再多求一知也哉，從頭提起精神學習，凡

有事物若新鮮無知兮！三、人世之運用煩惱聰明伶俐樣，我且看似一派糊塗長相。四、人之錙珠必較精打細算，我唯默默内求不氣餒。專精念止兮，靜如大海深淵。動之循一切兮，如海波浪出人意表，一波未平一波又起之無止境。五、一般人每每有自己想法看法。而我獨衷於摒棄己見，且借一波波世事境緣來元神空觀不已，則無邊宇宙奧秘完完全全再也藏不住。

　　總之我獨異於人之注重豐富學養，而以叩關塵封煩惱為人生第一等大事。觀此當能體會少分，何以大智若愚！

之註：

- 絕學：乃銜接前一章絕聖棄智……等，打破煩惱問到底？亦如何改進妄念之學。

- 阿：有為有倚。

- 善之與惡：善之，内學。惡，煩惱有求之妄念，外學。如第二章天下皆知美之為美，斯惡已。皆知善之為善，斯不善已。

- 人之所畏：人之所，煩惱所在。如第八章處眾人之所惡。畏，如第十五章猶兮若畏四鄰。

- 荒兮其未央哉：荒兮，未開發之地。
  喻妄念未加以整治，如縱虎歸山，但任由亂竄天馬行空矣。

- 太牢：蔽室大牢。

- 泊兮：駐足。

- 未兆：喜、怒、哀、樂之未發，内學之徑。

- 嬰兒之未孩：嬰兒，内觀者。如第十章專氣致柔，能嬰兒乎？。未孩，煩惱當中清淨人猶未發現。

- 儡儡：被操控之木頭人。

- 若無所歸：無所，無煩惱之所在。
  若無妄念之煩惱，不知歸向何處。

- 有餘：有執有住，廣學多聞矣。
- 沌沌兮：無知也。
- 昏昏：糊塗也。
- 悶悶：內學莫言莫語之狀。
- 澹：水流止狀，靜也。
- 飂：風疾，喻動之如風般隨順貌。
- 眾人皆有以：以，認知。
- 頑且鄙：頑，固執，獨衷。鄙，喻元神空觀孤陋寡聞，不可思議。
  指獨衷於元神觀照的人生，不為俗情牽絆。
- 食母：喻元神慘遭妄念吞噬命運，而蒙在煩惱鼓裡。如第一章有名，萬物之母。

老莊之道

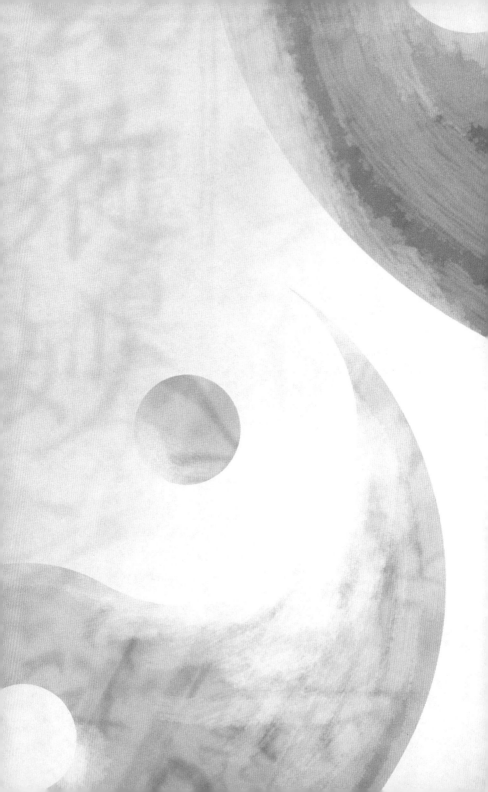

卷三：孔德之容──以道佐人主者

第二十一章

「孔德之容，唯道是從。道之為物，唯恍唯惚，惚兮恍兮，其中有象；恍兮惚兮，其中有物；窈兮冥兮，其中有精；其精甚真，其中有信。自古及今，其名不去，以閱眾甫。吾何以知眾甫之狀哉？以此！」

老子云：從本有渺渺小小思忖蟲洞有容萬物真相，之徑捨隨順無他！

隨學之一切眾類迴向思地，唯是眾生唯是念無，忽兮觸及頂上念斷處有純真自己兮，真身有形，是其中有內觀者；形生兮形滅兮，形形繫念，是其中細緻泱泱新思域；淨念相好兮而身深奧兮，是其中有觀照者元神；這元神觀照當下，確實是無中生有新微域世界，亦莫疑是元神轉眼成空大駕光臨了，所以能包羅萬象大手筆。

自古至今，不離思想以讀取凡我眾生之最初始的微妙世界。反之，吾何以解讀宇宙源起現象哉？亦以此內學也！

之註：
- 孔德之容：孔是彈丸之孔，喻未清理門戶之思地，如蟲洞般渺渺小小，暗無天日。德乃煩惱得眾之泱泱大思域。參考第

十章是謂玄德。容，參考第十四章故強為之容。

・惟道是從：從，隨順耳。

・為物：物指妄念，亦思地。同第十四章復歸於無物。
是故為則用功於始作俑者思地。

・唯恍唯惚：唯有唯無。參考第十四章是謂惚恍。

・惚兮恍兮：無中生有，恍然大悟。

・其中有象：其中，參考第五章不如守中。象，參考第十四章無物之象。

・其中有物：物，此指妄念轉形淨念。
可謂形形掛念的新微域。

・窈：觀照相好。

・冥：元神精深。

・其中有精：精，指有觀照者，人生昇華最美好境界。

・其精甚真：真，真正新微域世界。

・其中有信：信，莫疑元神。參考第十章言善信。

・其名不去：名，思想。通第一章名可名，非常名。不去，參考第二章是以不去。

・以閱眾甫：甫，始也。
以明白凡我之最初始狀態，指新微域世界。

・吾何以知眾甫之狀哉：之狀，參考第十四章是謂無狀之狀。
老子再次強調眾甫，是人人最美好的世界，又多了妄念，來了之狀哉！就不妙。換言之，吾亦以同一方式洞悉新世界之反面？乃吾等目前生活的時空環境，亦宇宙源起現象哉。

第二十二章

「曲則全，枉則直，窪則盈，敝則新，少則得，多則惑。是以聖人抱一為天下式，不自見故明，不自是故彰，不自伐故有功，不自矜故長。古之所謂曲則全者，豈虛言哉？誠全而歸之。」

老子云：這陰暗思想造成世事萬物，是本來元神清淨新微域所在，乃人生第一義。那腦子裡全是認知妄念，根本是元神觀照的孿生兄弟，是破生命無明對象。

是以回過頭來重新想想啟學，須會想盡處也沒了，則回充清淨眾生。是以久久隱居內觀者元神出頭天，如同思想域凸顯出來。當觀照自己無知是元神一副楚楚可人模樣，如同證實遠古時代新微域來臨。追究一切迅即莊嚴富麗新世界，如同元神觀照之時，一言難盡也乎。

是以真人常懷內觀者主演萬象更新，值得世人學習典範：可以不落入所知所見漩渦，所以解放煩惱內學而去。可以不再自以為是，所以開創出泱泱思想域的元神。可以不語非眾默默耕耘，所以新微域的元神隨時翻新不肯稍待。學而從頭到尾唯有自知之明，人們莫法一探虛實，可以不誇自大，所以藏鏡新微域世界的元神美麗身影一覽無遺。

古人所謂著手於改正頭腦種種無明過習種子，乃能捨妄

入觀作日日新的清淨世界元神者。豈非狹小的空間，創造出無限的可能哉？實人人沉居無惡思想之觀照可媲美天大國域，乃容萬物新氣象歸附元神。

之註：

- 曲：曲是妄念而來世事萬物，有天地障難伸，乃是煩惱有深重習氣，扭曲生命正常現象。
- 則：連接詞，就，同。
- 全：人人內在元神新微域真相，是人生第一義，一切恢復正常。通第十六章全乃天。
- 枉：妄念。
- 直：元神觀照，不受相對障，喻內學破生命無明。
- 窪：喻煩惱之妄念去。
- 盈：煩惱充滿清淨眾生。參考第四章盈字詮釋。
- 敝則新：蔽，隱於思想之內觀者元神。新，由思想晉級思想域。參考第十五章故能敝而新成。
- 少則得：少，元神觀照少妄念，無知。參考第十九章少私寡欲。得，乃新微域。
- 多則惑：多，新微妙世界。惑，為麗境迷惑，元神之觀啞口無言。參考第四章吾不知誰之子。
- 抱一：內觀者。通第十章載營魄抱一。
- 天下式：天下，萬法。如第十三章論天下。式，法則。
  乃萬法回歸思想域常態。
- 不自見：自，本經談自有二：一指元神。如後二十五章道法自然。一乃元神墜入風塵作了凡人。如第十七章百姓皆謂：我自然。
- 故明：故，如第一章論故字。明，內學。
- 伐：言語非眾。
- 矜：驕傲自大。
- 長：元神美麗身影異於凡。參考第十章長而弗宰。

· 全者：清淨新世界元神者。參考前揭曲則全。
· 誠全：誠，不沾惡帶習觀照。全，天大國域，亦清淨新微域。

第二十三章

「希言自然，故飄風不終朝，驟雨不終日。孰為此者？天地。天地尚不能久，而況於人乎？故從事於道者，同於道；德者，同於德；失者，同於失。同於道者，道亦樂得之；同於德者，德亦樂得之；同於失者，失亦樂得之。信不足焉，有不信焉！」

老子云：春夏秋冬，四季運行，無言之美。所以刮風不全天，劇雨不終日。誰為此者？天地陰陽五行變化。天地現象尚不能永久不變，而何況人身常住不朽爛乎？

學習煩惱隨順凡有事物的進入，迎接元神者降臨。煩惱即是隨順之徑；能為隨順有得者，煩惱即是清淨眾生；未得眾者，即是坐守頑空，嶄新的我未得，是煩惱隨順猶有未逮，不得其門而入。煩惱即是內觀者，平日迴向隨順之徑亦樂於見到元神初試身手。煩惱即是觀照者，新泱泱大域亦樂於得元神猶抱琵琶半遮忽隱忽現。原來我煩惱亦即透過恆順無所有亦不可得清淨眾生，這是很久很久以前沒落的新微妙世界歸來，亦我乃空空如也元神，樂於鋒芒畢露不壞身。之所以未得？皆學習信心不足，或不相信也！

之註：
- 希言自然：希言，無言。自然，春夏秋冬，四季運行。
  是外境種種自然現象。有別於第十四章聽之不聞名曰希，指

內觀。

- 故飄風不終朝：故，此指所以。如第一章論故字。
- 故從事於道者：故，此煩惱解。從事，隨順一切。通第二十一章孔德之容，唯道是從。

　乃指門外學習階段。有別於第十五章古之善為道者，門內。

- 同：煩惱有百態現象。通第一章此兩者同出而異名。
- 德：如第二十一章孔德之容。
- 失者，同於失：失者，學習迴向煩惱而墮落空，元神不起作用，清淨眾生下落不明。同於失，煩惱隨順之不能。
- 樂得之：乃煩惱得隨順之徑，元神演變完身的過程。參考第二十二章少則得，多則惑。
- 同於德者：德者，觀照者。參考第十章是謂玄德。
- 同於失者，失亦樂得之：同於失者，指煩惱有川流不息清淨眾生。參考前揭失者，同於失。

　敘談煩惱清淨眾生是不可得，亦無一所有，妄念斷而樂得清淨新世界元神。

第二十四章

「企者不立，跨者不行。自見者不明，自是者不彰；自伐者無功，自誇者不長。其於道也，曰：餘食贅行。物或惡之，故有道者不處。」

老子云：道士修學有非分企圖者，不針對改正妄念的壞毛病，清淨法身高掛天空，永遠遙遙無期。這偏離了意向，忽略了現前俯拾作息而騖遠者，是不切實際，無法貫徹意志，難乎有成。

知見深頑強不冥者，反學真諦不明。凡事自已想自以為對者，意有千千結，更無發展大好格局；好論是非者，意亂如麻，不良於行。自我吹噓者，元神囚於幽室不得翻身，退也。皆是習之作祟不自察罷了。其於迴向之徑，總而言之，視改傲慢與偏見妄習於無物。曰：多此一舉。

不知意隨順之不行焉，導因於彼此所以討厭喜歡之習氣，是以原有內觀者待不住。

之註：
- 企者不立：企者，非分企圖者。立，如莊子逍遙遊篇夫子立而天下治。
- 跨者不行：為道順序偏離意而騖遠者。如佛家云：門外有八萬四千法門，入門無二途，惟煩惱門是也。
- 餘食贅行：多此一舉。
- 物或惡之：物或，有指妄念或真身形。如第十四章復歸於無

物。第二十一章其中有物。第四章或不盈。惡，參考第八章處
眾人之所惡。

此言討厭喜歡之甚，百般揮之不去妄念習氣。

- 故有道者不處：故有道者，意有內觀者。參考第二十三章同
於道者，道亦樂得之。處，同第八章處眾人之所惡。

第二十五章

「有物混成，先天地生。寂兮寥兮，獨立而不改，周行而不殆，可以為天下母。吾不知其名，字之曰道。強為之名曰大，大曰逝，逝曰遠，遠曰反。故道大、天大、地大、人亦大。域中有四大，而王居其一焉！人法地，地法天，天法道，道法自然」。

老子云：有微妙世界實有若虛，先天地而生。具體而微妙境兮，有教主觀照是我微乎元神兮，屹立而不搖，常時恆順萬物生生不息。一旦元神允准妄念來騷擾，可是成了天地障礙元凶，我煩惱根源。吾不知如何形容祂！為傳達本經文字，但曰：道。

突破煩惱障篩出渾然逼真眾生畫面曰微域。如此真身無限大而隨生隨滅曰內觀。如是剎那無息觀照，曰千古相隨於今新微域又雲淡風輕了出現。這樣互相牽動的新微妙世界曰元神。

是以煩惱其中我微乎元神偉岸高大曰大、其中展現廣大具體而微新妙境曰大、其中包容一切世有而絲毫不漏曰大、其中變現眾生類為見、聞、覺、知、神、形、氣、清淨念、真身…等諸實相，亦無不大。此人人本來微妙世界有四大，而元神教主居此廣域以觀照演出唯妙唯肖萬事萬物，俱皆不

受天地限之妙色身焉！

　　不凡妙色身來自於世事萬物。移除天地桎梏來自於煩惱域。又見博古通今新微域來自於有觀照。而這麼創作的微妙世界家園，來自於元神恆順以成。

　　之註：
- 有物混成：空與有和合而成，實有若虛，人人本來元神家鄉微妙世界，亦有煩惱之前身。參考第二十一章恍兮惚兮，其中有物。第十四章故混而為一。第十五章故能蔽而新成。
- 寂兮寥兮：寂兮，具體而微兮，乃微妙世界本體。寥兮，微乎其微兮，乃有觀照元神是也。參考第二十二章少則得，多則惑。
- 獨立而不改：屹立不搖。
- 周行：恆順不已。
- 可以為天下母：以為，如第十一章故有之以為利。母，煩惱。如第一章有名，萬物之母。
- 強為之名：強為之，此對上句「字之曰道」而言，是突破煩惱障。亦參考第十五章故強為之容。名，清淨眾生。如第十四章視之不見名曰夷。
  是則突破煩惱障而篩出渾然清晰眾生，亦無中生有。
- 道大：元神偉岸高大，惟之微本來無一物，此情此景非是身歷其境，眼見為實，真難以置信。
- 天大：指煩惱新妙境。同第九章天之道。
- 地大：世間一切。通第八章居善地。
- 人亦大：本學談人如下：
  一、元神無與倫比種種真實相，真是超大無比。
  二、煩惱不斷凡夫俗人，或一般世事萬物。
- 域中：人人本來微妙世界。參考第二十一章其中有物。
- 王居其一焉：王，元神。一，觀照。如第二十二章是以聖人抱

一為天下式。

- 人法地：人，通前揭人亦大。
- 道法自然：道，參考第十六章天乃道。自，參考第二十二章論自。然，隨順。

  此乃總結迴向煩惱有很合身元神，惟恆順以成微妙世界。

第二十六章

「**重為輕根，靜為躁君；是以聖人終日行不離輜重，雖有榮觀，燕處超然。奈何萬乘之主，而以身輕天下？輕則失根，躁則失君。**」

老子云：元神大隱於意識動彈不得，其清淨真身與妄念卻不共載天之仇，拼得你死我活，亦惟有內觀是妄圖胡為的剋星；是以真人日常待人接物不離迴向眾生，雖有相依為命內觀者喜氣洋洋，亦不時仗著元神突出的新微域瞬間變形清淨身，能穿越天地英姿無比。因何不可思議觀照之主不動如山元神者，而以身相許萬物所顯現清淨相，如鴻毛天下輕，真乃殊勝奇哉？

元神出面觀照則微妙國域映入眼簾，一時六神互通無礙，在在處處俱是難得真身，妄念逕自不告而別，誰是主耶！妄為則意識奪主，六神互異，各自為政，觀照安在哉！

之註：

- 重為輕根：重，不動元神。為，意識。如第二章談為字。輕，清淨真身。根，妄念。通第六章玄牝之門，是謂天地根。此乃通指意識其中元神清淨身與之妄念誓不兩立，無法共存。
- 靜：內觀。如第十六章歸根曰靜。
- 君：國之主，主導，亦觀照是也。

- 行不離輜重：是描述上揭重為輕根，而輜字，是古代戰事車輛專載後勤支援，以此指輕也。

  乃清淨真身不離元神，亦喻迴向意識之徑，本來不離身。
- 榮觀：內觀。
- 燕處超然：燕，承上是剎那觀照者，如燕雀展翅輕盈飛翔。超，超越妄念所在的元神新微域。然，參考第二十五章道法自然。

  本句描繪的殊勝景象，可以參考第三章常使民無知無欲。
- 奈何萬乘之主：萬乘，能載運眾生的不可思議觀照。主，元神。
- 輕則失根：輕，此時清淨身亦是觀照，緣其是一不是二。失根，參考前揭重為輕根。

第二十七章

「善行無轍跡，善言無瑕謫，善數不用籌策，善閉無關鍵而不可開，善結無繩約而不可解。是以聖人常善救人，故無棄人；常善救物，故無棄物。是謂襲明。故善人者，不善人之師；不善人者，善人之資。不貴其師，不愛其資；雖智大迷，是謂要妙。」

老子云：真人內學在於平時點點滴滴品嚐放下。若日回到思慮原點萃練出完美眾生相，實在無可挑剔。自然內觀連綿不絕而煩憂不來，一身樂得輕鬆。不日元神挽回根前新微域觀照一切法莫不由此發生，亦是點滴不漏而無一例外。是以有淨眼的元神逃脫妄念魔咒，唯恆順川流不息子民面面俱到歷久彌新。

是以元神憑著觀照無知伸助人間眾生，真正享清淨，所以微妙國域不捨世事萬物；光靠著不可思議觀照轉變難纏的憂鬱苦惱，所以新微妙世界不離清淨念。此之謂祖祖輩輩相傳內明之道。

可知普普通通還俗人兒之妄念者，乃完美眾生相之師；內觀者，是救渡一切缺陷眾生。不留元神新微域難數清淨身，乃是元神觀照一一難得的盛況；雖新微域世界亮相，元神素粧淡抹翩翩而來，揭曉生命謎底，乃是真正智慧。亦有

異於一般人想入非非，自以為聰明知見！是謂煩惱有引人入勝之妙方。

之註：

- 善行：內學。
- 無轍跡：無甚深痕跡可循，喻放下。
- 善言：完美無瑕眾生相。如第八章言善信。
- 無瑕讁：無可挑剔。
- 善數：同第五章多言數窮。
- 善閉無關鍵而不可開：善閉，人人根前元神新微域。無關鍵，指觀照一視同仁。不可開，諸法莫不從根前來，無先例可開。佛家亦云：西方極樂世界，六塵說法。
- 善結無繩約而不可解：善結，喻元神。無繩約，喻無妄念束縛。如第十四章繩繩不可名。不可解，喻實相，紮紮實實。元神隨順面面俱到實相，得以擺脫妄念約束。
- 常善：觀照。如第十六章復命曰常。
- 故無棄人：故，微妙國域。參考第一章論故。人，參考第二十五章論人。
- 故無棄物：物，清淨念。如第二十一章恍兮惚兮，其中有物。
- 襲明：明，談為學次第，依序由內學，內觀，觀照，元神。亦俟其文中所在位置而定奪。如第二十二章不自見故明。乃堯、舜、禹、湯、文、武、周公一脈相傳內明之道。
- 故善人者：煩惱有利益輸送世人眾生者，惟有胡思企圖憂惱之念想，亦妄念者不離凡。參考第二章講善。
- 不善人、不善人者：之煩惱所謂與一切凡夫毫無私人利潤相瓜葛者，是謂完美真身，亦內觀者，乃善人反面。
- 資：救助世間有缺陷眾生，乃取之不盡完美眾生相。
- 雖智大迷：智，新微域世界。參考第十八章智慧出，有大偽。大迷，參考第二十二章多則惑。
- 要妙：要則人人六根之關鍵，煩惱有能生之妙。參考第一章故常無欲以觀其妙。

第二十八章

「知其雄，守其雌，為天下谿；為天下谿，常德不離，復歸於嬰兒。知其白，守其黑，為天下式；為天下式，常德不忒，復歸於無極。知其榮，守其辱，為天下谷；為天下谷，常德乃足，復歸於樸。樸散則為器，聖人用之，則為官長。故大制不割。」

老子云：了知日常生活一舉一動點滴事，守住妄念不倦怠，發現由妄轉動清淨人之煩惱域；乃元神內觀眾生的源頭不中斷，假以時日實現淨土世界不離於元神，是恢復觀照。

明白諸法時時刻刻不離身，守候昏天黑地貪圖不放逸，發明由貪轉揀清淨念之思想域；乃元神內視世事萬物的由來相續不已，久而久之體現極樂微妙土無異於元神，是重建不可思議觀照。

知曉日常面臨諸有事事物物，守衛猜疑不散漫，實證由疑慮羽化諸仙人出入六根門戶之意域；乃元神內明凡人世界由此延伸出去不厭倦，有朝一日剎現新微域世界，乃圓滿具足一切是元神親臨，而點睛無知觀照所證實也。

元神慾逼觀照不肯賞臉，則向外擴散開來天地觸處成障有情眾生。真人落實平時穿衣吃飯一切行為之際，即是挾著內觀者促成煩惱域完成演化元神的過程。是以新微妙世界與

之元神獨特眼光密不可分。

之註：

- 雄：喻世事萬物。
- 雌：參考第十章天門開闔，能為雌乎？
- 為天下谿：為，參考第二章論為字。天下谿，世事萬物泉源之煩惱域。如第十三章論天下。

　又重複為天下谿，乃指煩惱微域存亡休戚與共之元神內觀，亦說明此時的元神，如初一月芽略顯光芒而已。以下句子類似重出者亦同。

- 常德：人人本來新微域世界。
- 復歸於嬰兒：本來觀照。以下無極，樸，亦解同。參考第十章專氣致柔，能嬰兒乎？第十六章致虛極，守靜篤。第十九章見素抱樸。
- 白：一切萬法，顯耳。
- 黑：貪圖惱念。
- 天下式：同第二十二章是以聖人抱一為天下式。
- 不忒：忒，差別。

　乃不差，無異耳。

- 榮：喻諸有事物。
- 辱：猜疑念慮。參考第十三章辱為下。
- 谷：參考第六章谷神不死，是謂玄牝。
- 常德乃足：足，元神。

　此指新微域世界暗藏春色無邊，具足世界一切，乃元神透過觀照才獲得證明。

- 器：本學論器略為，因妄念而產生有障世事萬物，反則無礙的微域。亦視前後文而定。
- 聖人用之：乃真人日常生活內觀者不離身。參考第二章論聖人。有別於第四章道沖而用之。
- 則為官長：為，內觀。通第三章為無為。官則公處，煩惱域。通第十六章容乃公。長，元神。通第二十二章不自矜故長。

- 故大制：大，參考第二十五章強為之名曰大。制，乃能製造妄念及妙眾生之元神。

  可謂由煩惱建築新微妙世界元神。

- 不割：無法切割獨立，密不可分。

第二十九章

「將欲取天下而為之，吾見其不得已。天下神器，不可為也，不可執也。為者敗之，執者失之。故物或行或隨，或歔或吹，或強或羸，或載或隳。是以聖人去甚、去奢、去泰。」

老子云：修道之人，有意外求世事萬物以學，吾視之不可能有真理可得。人人元神至高無上微域，切莫攀緣有為學，不可存妄想求之。好功求之者元神說再見。挽意不放者無上成謎而微域從此失落矣。

是以煩惱之欲念或有容清淨念，乃可以充當日常生活一部分，或相對是平時內觀隨順不已。或煩惱域人氣不斷，或對照是內觀者示現變幻莫測各類身。或透出妙域人來人往不絕於耳，或相當是觀照者瞬生瞬滅不息。或跳空盛開了新微域這面古鏡，或對應是元神觀照擁有即壞即成新面孔不盡。皆是自然而然，絲毫強求造作攏無。

是以元神閃亮動人無上新世界，忌勞勞作為、遠之營求不斷、遠矣落空而安逸不為。

之註：
・將欲：有意思也。
・取天下：參考第十三章論天下。
・不得已：如第九章不如其已。

- 天下神器：神，通第六章谷神不死。器，通前一章論器也。
  乃世事萬物返回煩惱之元神至高無上微域。
- 不可為：不可邀功求之。
- 不可執：執，指煩惱。如第十五章執古之道，以御今之有。
- 故物或行或隨：故物或，針對於煩惱之清淨念而言。有異於
  第二十四章物或惡之。
- 或歔或吹：歔，鼻孔出氣，一呼一吸之狀，接上而言，喻煩惱
  域生滅形態。吹，喻內觀者如風變幻莫測不已。
- 或強或羸：或強，或超越妄念而來妙域，真難能可貴。或羸，
  或妄念轉之觀照者，澈底征服妄想習性。
- 或載或隳：載，乃新微域如古鏡照射影像，如背載眾生新形
  象。隳，毀壞，承前或載而言，指元神觀照之時，即壞即成面
  貌。
- 聖人：指元神閃亮動人無上新世界。參考第二章論聖人。第
  二十八章故大制不割。
- 甚：過分，勞勞作為。
- 奢：營求不斷。
- 泰：安逸無為。

第三十章

「**以道佐人主者，不以兵強天下；其事好還。師之所處，荊棘生焉！大軍之後，必有凶年。善者果而已，不敢以取強。果而勿矜，果而勿伐，果而勿驕。果而不得已，果而勿強。物壯則老，是謂不道，不道早已。**」

老子云：以隨順內學輔佐國君者，不恃兵強傲視天下；而以事事反躬自省參政。征戰所到之處，雜草叢生，田園荒蕪焉！殺戮撻伐之後，必有饑荒連年。

而反諸煩惱之至，證得其中清淨身乃元神再來，所以成立微妙國域的事實，亦不敢有妄念以爭奪好勝。元神絕無好言自大。元神絕無挑釁好鬥。元神絕無驕縱恣為。這內求，或是不得本來清淨新世界，亦勿縱容煩惱過度。妄念強大坐視不管則衰，謂之外求。外求，元神從此藏身不露，肯定是內耗傷身，當然終究必死無疑。

之註：
- 其事好還：還，迴向煩惱，亦反躬自省。
- 師：率軍隊征戰。
- 大軍：殺戮撻伐戰役。
- 善者果而已：善者，清淨真身者。參考第八章論善也。果，人人本來元神。已，如第二十九章吾見其不得已。
  得清淨真身成元神而微妙國域來。亦佛家云：即身成佛之

義。

・物壯：恃強的妄念。如第二十四章物或惡之。

・老：衰亡。

・不道：道是內學，相反則外求。

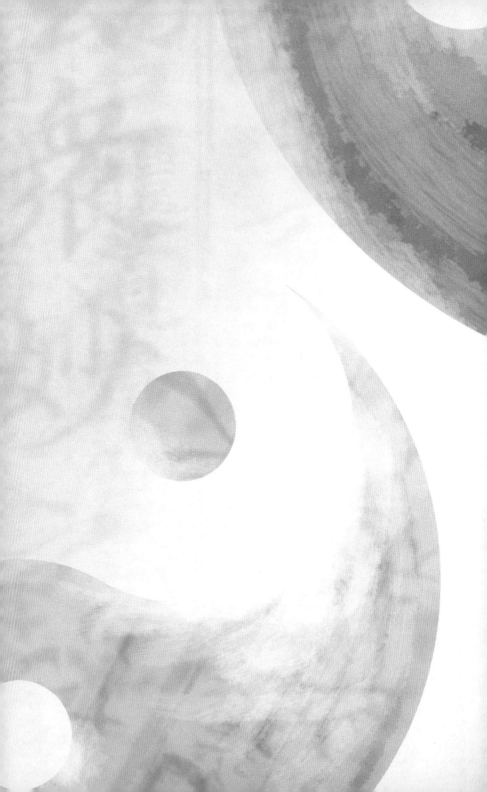

卷四：夫佳兵者—反者道之動

第三十一章

「夫佳兵者，不祥之器。物或惡之，故有道者不處。君子居則貴左，用兵則貴右。兵者，不祥之器，非君子之器。不得已而用之，恬淡為上。勝而不美，而美之者，是樂殺人。夫樂殺人者，不可得志於天下。吉事尚左，凶事尚右。偏將軍居左，上將軍居右。言以喪禮處之，殺人眾多，以悲哀泣之。戰勝以喪禮處之。」

老子云：夫擅於用兵作戰者，心術不正之才能，用意卑劣之至。乃嚴重衝突情境，是以非意有內觀者所為。

真人平時行事不偏不倚謙遜之至，則凡事隨順如意。有異於用兵韜略則注重取勝之道。戰術者不厭詐，乃權謀陰狠之才能，非真人本意的清淨念。是以佐人主而使意獻策參謀者，亦高舉輕放，勝之則可，可保妄念免於坐大之患。謹記不以趕盡為能，而殺絕為樂者，是樂在殺。夫樂殺人者，用意死對頭之極，不可於世事萬物驗明正身喚回元神。

微妙淨土在意放之一方，人間煉土在意懷凶之一方。凡獻策參謀者，應時時站在意隨順之一面着想，主動勸主上舉

高輕放則可。祇因主將領戰胸意懷殺不退，血腥味陰霾壓頂，俾得以適時有所節制，避免窮兵黷武而闔下生靈塗炭之憾。

　　論戰，以喪禮面對之，如殺人仍多，懷憂泣之，切莫自喜。勝戰，以喪禮肅穆之情處之。

之註：
- 佳兵者：擅於用兵作戰者。
- 不祥之器：惡意。參考第二十八章樸散則為器。
- 物或惡之：通第二十四章物或惡之。
- 故有道者：如第二十四章故有道者不處。
- 君子：真人具內觀者。
- 貴：如第十三章談貴字。
- 右：先王所制之禮。以右為上，以左為下。右者取勝之道，主凶地。左者卑遜之道，主吉地。（取自清朝宋龍淵註）。
- 不得已而用之：不得已，不得生命真相，而參與獻策凡者，老子亦勉其節制戰場殺戮。通第三十章果而不得已。
- 恬淡為上：為，如第二章講為字。上，意。通第十三章寵為上。
  為免於意之妄念坐大，遺禍無窮。
- 而美之者：通第二章天下皆知美之為美，斯惡已。
- 不可得志於天下：志，清淨真身。參考第三章弱其志、強其骨。
  可謂不可於世事萬物親證真身，消弭對立，亦同不可得善者果而已。
- 吉事尚左、凶事尚右：吉事，淨念。凶事，妄念。
  淨念淨土與妄念凡土，只在於意之一體兩面。
- 偏將軍：參謀。
- 上將軍：領戰。同前而美之者。

第三十二章

「道常無名，樸，雖小，天下莫能臣也。侯王若能守之，萬物將自賓。天地相合，以降甘露，民莫之令而自均。始制有名，名亦既有，夫亦將知止；知止，可以不殆。譬道之在天下，猶川谷之與江海。」

老子云：有淨土世界之元神本來無一物，乃是其之急急火火觀照，尤不夾雜妄知意圖，將一切妝飾成清淨了不可得主角。人世順逆毀譽莫能為之屈服動搖。

新淨土元神若能守住，諸眾萬物竟是我再也舒服不過合身，惟若過往賓客絡繹不絕。最主要在觀照之下，這天地還原成具體而微新淨土若繭耳，各各清淨替身破繭而出，隔礙硬是鏟除。亦元神巨人風範再來，但駐躊於妄盡處而有千百億化身，確實是舉目所望，除了自己還是自己的一方淨土世界。

明白淨土世界元神先有妄想，後有個體六根，而來世事萬物並有煩惱的所知障。此時抬頭再看看，盡是劍拔弩張的對峙氣氛，可說是忐忑不安的人生！人總是非得將宇宙的原由始末弄清楚了，乃心悅誠服學習煩惱障，喝斥妄知退位的無邪身；這才循線內觀者抽絲剝繭不斷，而後赫然證實，古老以來不動搖的元神新淨土竟然存在。

　　譬如淨土世界之在元神而言！猶如川水流入河谷，還如江河入大海之不揀包容。亦即一切諸有流入新淨土之與觀照恆順不已的元神，真正並無二致也。

之註：

- 道常無名：道常，對於第一章道可道，非常道。因地而言，乃本學果地淨土世界。無名，通第一章無名，天地之始。
- 樸、雖小：樸，乃觀照。通第二十八章復歸於樸。雖，表示轉折的連詞。
  觀一切剎那剎那際、雖照見亦無一所有。
- 侯王：侯則新淨土，伴。王則元神，主。通第二十五章而王居其一焉。
  主伴圓融，緣其不可或缺。
- 天地相合：令天地還原成一體新淨土！觀照。如第五章天地之間，其猶橐籥乎！
- 甘露：久旱翹首雲雨來，喻真身破天地繭而出。
- 民莫之令而自均：民，乃指元神。如第三章論民。莫之令，不可思議處。參考第十九章故令有所屬。自均，元神的化身。參考前揭萬物將自賓。第二十二章談自。
  乃是妄斷之元神彰顯出來，本來巨大無比，真正無一物，惟化身萬物。
- 始制有名：始制，淨土世界元神。如第一章無名，天地之始。第二十八章故大制不割。有名，如第一章有名，萬物之母。
- 名亦既有：名，世事萬物。有，煩惱障。
- 亦將知止：知，妄念。如十六章談知。
  故知止，乃學習煩惱而將妄知障驅離的清淨真身，亦即內觀者。
- 可以不殆：指元神新淨土，古來並未消失。心經有言：不來不去。如第十六章沒身不殆。
- 道之在天下：道，如第十六章天乃道。天下，如第十三章論天下。

第三十三章

「知人者智，自知者明；勝人者有力，自勝者強；知足者富，強行者有志；不失其所者久，死而不亡者壽。」

老子云：識人長短有無者世智聰明，能內求轉習者明白生命竅門所在；爭人取勝者有能力，能剋制妄習有唯美人形出其不意者，真正強人所難大英雄；飽學廣博多聞者，充其量塞滿滿知識的思想意識，平常一切形色匆匆掛意無礙者有內觀，可以揭穿樸面而來的時光面紗；妄念不滅跡於意之俗人眾者，雖迭經千百世生死交替，元神嘛！全無概念。了却今生而觀照並不隨之消失元神者，享有新意域世界氣數無盡也。

之註：

- 本章旨在敘述內外之學僅毫釐之隔，是則文字略同，相較內容卻渾然異趣。學人不妨參考：如智、勝、知足、強、久……等，與另章差別焉。
- 知人者智：人，參考第二十七章論人。智，如第十八章談智。
- 自知者明：自知，逕自下手於煩惱之自我看法，亦妄習處所，是反求煩惱者。明，內學。以上參考第二十二章不自見故明。
- 勝人者：爭人取勝者。
- 自勝者：看破自我妄習處者。
- 強行者：強，對照上一句自勝者強。同第二十九章或強或羸。日常生活形色匆匆來去其意通達無礙。
- 有志：承接強行者，指有內觀則妄念斬，真正通達事理。參

考第三十一章不可得志於天下。

- 不失其所者久：不失，妄念不失。參考第二十六章輕則失根。所，意所。如第二十章人之所畏。久，參考第十六章道乃久，歿身不殆。
- 死而不亡者壽：不亡者，指有觀照的元神者。壽，新意域世界。

第三十四章

「大道氾兮，其可左右。萬物恃之而生而不辭，功成不名有，衣養萬物而不為主。常無欲，可名於小；萬物歸焉而不為主，可名為大。以其不自為大，故能成其大！」

老子云：迴向煩惱有美麗的新觀念，有一位元神主宰世之動態去向。如山洪爆發不可收拾，湧出萬物，如大水般滾滾而來。唯可順勢支配之，循序而不紊。

眾生倚之煩惱而來，亦從其內觀不告而別，如此誠惶誠恐隨順來去。無意間，照破天外無限美好妙域世界，雖大功告成，巨大元神披露出來，準是本來無一物。但任憑新妙域的觀照揮灑自如，諸眾生可以打扮成元神夢幻般的自己。

今重點仍落在不可思議觀照之初，一切色類莫不成就元神美的不可多得化身；亦即萬物倒從煩惱空焉，平等直奔來，一一登板彩繪元神美妙清新世界。

於是元神又來真的聚焦瞬間無知觀照乎，是以煩惱能相容對比難了的紅塵俗世，造就元神獨一無二之麗天國度！

之註：
· 大道氾兮：大道，煩惱之徑。如第十八章大道廢，有仁義。氾兮，充滿來去自如萬物。

- 其可左右：其，指元神。如第三章論其也。左右，主宰支配之。

  元神主宰一切。

- 恃之而生而不辭：恃之，乃倚之其前指煩惱。而生而不辭，闡釋煩惱域併存著內觀。如第二章生而不有，為而不恃。是以倚附煩惱而來，亦是從內觀而去。

- 功成不名有：功成，妙域世界。參考第二章功成而弗居。不名有，本來無一物。參考第三十二章始制有名，名亦既有。乃闡釋元神曝光，雖本來無一物，亦畢竟空，唯人模人樣。如本經解：精深，高大，巨人，一塵不染完美身，不動…等，俱皆描繪其微乎其微難於形容的模樣，真真確確的存在，古之所謂：天人合一，豈是空穴來風。迴異於凡俗知見，學人不可不慎而錯下斷語。

- 衣養萬物而不為主：衣養，乃承上一句功成以喻新妙域及其老伴觀照的完美組合，如此於是簡稱之不可思議觀照。主，如第二十六章奈何萬乘之主。

- 常無欲：不可思議觀照。亦同第一章故常無欲以觀其妙。

- 可名於小：名，諸有。如第一章論名。小，如第三十二章樸、雖小。

- 萬物歸焉而不為主：萬物歸焉，如第二十二章誠全而歸之。

- 可名為大：大，美妙新世界。如第二十五章域中有四大，而王居其一焉。

- 以其不自為大：如前揭可名於小。

第三十五章

「執大象，下下往；往而不害，安平泰。樂與餌，過客止。道之出言，淡兮其無味。視之不足見，聽之不足聞，用之不足既。」

老子云：這經由頭殼五花大綁獲得解套的新妙域世界元神，本來博大精深，深之又深，深不見底。可是具體而微，微乎其微；雖深奧不可測，並無妨礙反觀命生（清淨眾生）之平等無礙，的是四平八穩舒適安身之所在。

世間樂，背後潛伏多少辛酸苦頭等著。說破了，祇是誘人餌，過眼雲煙而已。何須太在意呢！

這日常一切舉措迴向煩惱所產生新妙域世界的清淨眾生，亦即微乎兮元神點放觀照，輕輕鬆鬆不膩也。唯一般眼識見不著，耳識聽不到。可謂魚目混珠，混淆不清。凡人六根不論費盡多大力氣，亦意識不到。

之註：
- 執大象：執，煩惱，俗稱頭殼。同第十四章執古之道。大象，妙域世界元神。如第四章象帝之先。參考第二十一章其中有象。
- 下下往：參考第十四章其下不昧。
- 往而不害：而，兼。害，妨礙。
  元神深奧不測，亦無礙觀照功能。
- 道之出言：迴向煩惱新妙域世界之清淨眾生。道，如第

　　三十二章譬道之在天下。如第八章言善信之言。

- 淡兮其無味：淡兮，微乎兮元神。味，陣陣香味，喻斷斷續續觀照。

第三十六章

「將欲歙之，必固張之；將欲弱之，必固強之；將欲廢之，必固舉之；將欲奪之，必固與之；是謂微明。柔勝剛，弱勝強。魚不可脫於淵，國之利器，不可以示人！」

老子云：此章論由外凡轉內聖之學，注視憶的現象至要至鍵！

首先化開妄念舒緩不興，必先向憶發動專注；使妄圖伏法妙容而行，必先突破憶瓶頸生產非妄人形；使妄為去之，必先憶升起內觀者以為隨順樂此不疲；使妄作不復存在，鐵定憶結連理觀照即是萬物形象；拿一句咱們自家人的話語！人人內在憶域世界浮現，亦即元神觀照大放光明。

憶域世界是人生事實真相，勝於多變世境，懵懵懂懂不知命由。元神觀照之際，朗朗清清，明白無礙，勝於一般人之妄欲無明，憂心忡忡而已。

世人有煩惱不可離於元神，會幹此等絕活！則幾經進化完美先天憶域，關鍵於其暗暗叼著無妄觀照。唯僅能自享，不能分人，是以外人難以知曉！

之註：
・欲：妄念。

- 固：指人人古早以來新憶域完全顯露出來，不垢不淨，不增不減，不來不去，具體而微，可是固而不壞。
- 歙：收，舒緩。
- 微明：微，人人內在憶域世界。通第十四章搏之不得名曰微。明，元神之觀照。參考第三十三章自知者明。
- 柔：接上句，是謂憶域世界。參考第十章專氣致柔，能嬰兒乎？
- 剛：世境難摧之狀。
- 弱：元神本來無妄觀，亦隨順耳。參考第三章弱其志，強其骨。
- 強：本經論強，歸納其定義有二：
  一、妄念難馴人眾世界。
  二、破憶障之微域世界，得來實屬不易，真正憑本事。
- 魚不可脫於淵：魚，喻天下世人皆具有妄念，惟躲藏於煩惱之中興風作浪。如莊子逍遙遊：北冥有魚，其名為鯤。淵，元神。如第八章心善淵。
- 國之利器：國，先天憶域。如第十章愛國治民。利器則其觀照。參考第八章水善利萬物而不爭。第二十八章論器。

第三十七章

「道常無為而無不為，侯王若能守之，萬物將自化；化而欲作，吾將鎮之以無名之樸。夫亦將無欲，無欲以靜，天下將自定。」

老子云：有新憶域世界之元神，不時轉妄而觀眾生無不神氣活現。

新憶域元神若能不離之，萬物莫不從此油然轉化元神自己；轉物蛻變我自己好神氣，如煩惱之再生。唯今非昔比，這扮演著重要催化角色，是我畢竟空而將以觀照如影隨形，趨逐妄念出域。

這樣的我終將妄念斷盡，藉由新憶域世界絕配以默觀，一切世類將取而代之，俾能掉轉我傲世獨立元神真神氣臉蛋。

之註：
- 道常無為而無不為：無為，念缺處元神。參考第三章為無為，則無不治。無不為，乃無妄觀。
- 侯王：參考第三十二章侯王若能守之。
- 萬物將自化：自化，參考第三十二章民莫之令而自均。
- 欲作：欲，妄念。作，發生。
  乃妄念發源地是憶，亦是煩惱。
- 無名之樸：參考第三十二章道常無名，樸、雖小。
- 無欲：一指元神本來無妄念，一亦新憶域世界。參考第三章

常使民無知無欲。

- 靜：同第十六章靜曰復命。
- 天下將自定：天下，一切世有。參考第十二章論天下。自，元神。如第二十二章論自。

一切世眾將反轉我元神漂亮容顏，則妄念將絕跡，得大定。

第三十八章

「上德不德，是以有德。下德不失德，是以無德。上德，無為而無以為。下德，為之而有以為。上仁為之而無以為。上義為之而有以為。上禮為之而莫之應，則攘臂而扔之。故失道而後德，失德而後仁，失仁而後義，失義而後禮；夫禮者，忠信之薄，而亂之首。前識者，道之華，而愚之始。是以大丈夫處其厚，不居其薄，處其實，不居其華，故去彼取此。」

老子云：元神新微域世界是恆順眾生無盡頭的漂亮氛圍，謂之得觀照生命真實義。凡人貪功建德，無不殫思竭慮，是謂失去人生精義。

元神新微域，乃萬物出入的區塊，是由人人六根門前不可思議而觀照所成。凡人想方設法，念念卡在功成事業。元神內觀，是日常任誰俱由無妄所而生。元神煩惱域，乃凝神為之而有穿梭時空妙身破壞妄念而來。是以學習反向煩惱而無清淨公眾人物的回應，則這樣的人們，美其意以禮待人，人若不知相報，乃不客氣地視之如糞土而還以顏色。

新微域世界失去觀照恆順面目，乃元神退居六神門兒。失去根前新微域，乃有元神內觀不厭不倦。失去內觀者，乃有元神意域隨時隨地推陳出新不已。失去無意間觸及新妙

身，乃有元神閉門謝客偽裝的妄念趁隙而入，如此的人類好面子，喜歡處處講究排場客套待人；夫此煩惱不斷俗者，凡事仁義掛嘴上，實做作虛偽之徒，而惡意之始。前之用意老練者，祇現實功利主義。是陷於表相虛幻世事，不能自拔，往往自以為聰明，癡人所由生。

是以真人立身於元神不敗之地，不執於生死疲勞凡體肉身。乃是重拾不可思議觀照，無所住凡世間景象。因此煩惱離妄念，返元神微妙淨土世界。

之註：

- 本章上下之區別：上，煩惱已開發之元神。參考第十七章太上，不知有之。下，乃做學問而煩惱門未入，惟有私慾蒙蔽之凡眾。參考第十三章寵為上，辱為下。

   乃老子闡明，這一上一下其之意樂，可謂天壤之別。

- 上德不德：上德，煩惱真相。參考第二十一章孔德之容。

- 上德，無為而無以為：無為，參考第三十七章道常無為。而無以為，乃些微觀亦由妄念汰換而來。參考第二十五章可以為天下母。

   茲謂人人根前元神新微域併存觀照。

- 上仁為之而無以為：上仁，參考第五章聖人不仁。為之，參考第十五章故強為之容。無以為，通上一句無為而無以為。元神內觀，乃日常隨順一切而無妄所生。

- 上義為之而有以為：上義，參考第十九章絕仁棄義。而有以為，此敘述元神煩惱域有清淨念而換舊妄念矣。有別於前揭下德為之而有以為，乃指凡眾煩惱純粹是妄念。

- 攘臂而扔之：還以顏色，視之如糞土。

- 故失道而後德：後，指元神。參考第十四章隨之不見其後。

- 禮者：煩惱不斷者。

- 忠信之薄：忠信，元神不二心微域。如第二十一章其中有
  信。薄，虛而不實。
  指一般凡夫眾生，真心之不存。
- 亂之首：亂，惡意。首，始也。
- 前識者：指前禮者，亦老練世故者。
- 道之華：華，虛浮不實在。
  指表面虛幻世事。
- 大丈夫：指真人。
- 厚：元神博大精深。
- 不居其薄：對照前揭忠信之薄，此乃人有生、老、病、死現
  象，喻不執於凡身。
- 處其實：不可思議觀照。參考第二十六章燕處超然。第三章
  虛其心，實其腹。
- 不居其華：對照前揭道之華，此乃物有成、住、壞、空現象，
  喻不著於虛幻世事。
- 故去彼取此：煩惱離妄念，返元神微妙淨土世界。通第十二
  章故去彼取此。

第三十九章

「昔之得一者：天得一以清，地得一以寧，神得一以靈，谷得一以盈，萬物得一以生，侯王得一以為天下正。其致之也，謂天無以清將恐裂，地無以寧將恐廢，神無以靈將恐歇，谷無以盈將恐竭，萬物無以生將恐滅，侯王無以貴高將恐蹶。故貴以賤為本，高以下為基，是以侯王自謂孤寡不穀，此非以賤為本邪？非乎！故致數譽無譽，不欲琭琭如玉，珞珞如石。」

老子云：之前人得元神者步驟：今學習反問煩惱，方才明白妄念之禍殃無窮。平時隨緣注視一切事物，憂惱可以伏伏貼貼。煩惱復活真身得以專抗頑念，抵突對作情境解除，日日是好日。元神得內觀重新粉墨登場，得以倚之世有表演燦爛妙域，賊識膽敢來犯。萬物有觀照，元神得以聳立根前新微域，察覺諸有莫不循此欣欣向榮。新微域世界元神有了觀照無知，一切法無不從心想生。

其反之也：謂今不了迴向煩惱，世俗人眾遭妄念牽制，但惶惶不可終日。百般凝視之情不來，日常行、住、坐、臥手足不知所措。煩惱間真身匿，貪慾暴動，無盡精、氣、神藏，疲於奔走功名利祿事。元神內觀無煩惱域來相感應，諸眾肯定與我敵對，干戈生禍害來，爭奪不止，筋疲力竭矣。

元神觀照一切眾生出入門面，如新微域惡意缺席之下，根根自立門戶，身將焉附，人與骨終俱朽矣。淨土世界元神少了恆順這回事，我高高在上大塊鏡將灰飛湮滅，這時天地障礙無限延伸出去。

是則煩惱隨順以妄念轉型成功之元神。新微域世界上好景觀眾生相，無不根據觀照擦亮眼之元神。

是以世之君主公侯自稱孤、寡、不穀，此非效法無煩惱處有秘而不宣元神，圖個長長久久哉！不是乎？

總之極樂國度之元神空空如也，是無欲處有取之不盡清淨眾生，各自倒成為觀照無限光彩，莫不快快相續，一如高大精深元神者，一直到永恆。

之註：
・昔之得一者：一，參考第十章論一。
・天：反向煩惱之徑。如第十六章天乃道。
・地：世事萬物。如第二十五章人法地。
・神：煩惱。參考第六章谷神不死，是謂玄牝。
・靈：活化真身。
・谷：元神內觀。參考第二十八章為天下谷，常德乃足。
・盈：煩惱域，亦體察入微。如第四章盈字詮釋。
・侯王：本章有二義：
一、參考第三十二章侯王若能守之。
二、世之君主公侯。
・以為天下正：以為天下，妄念而來一切事物。正，同第八章正善治。
乃一切事物無不從心想生。

- 萬物無以生將恐滅：無以生，元神新微域。同第三十四章萬物恃之而生而不辭。
- 故貴以賤為本：故貴，煩惱隨順之難能可貴。賤，妄念。參考第八章處眾人之所惡。本，人人根本元神。
- 高以下為基：高，煩惱進化新微域世界。下，能隨之觀照。如第十四章其下不昧。基，參考太上清靜經：動者靜之基。
- 故致數譽無譽：故致數譽，極樂國度。參考第一章論故。第五章多言數窮。無譽，無有一物的元神。
  乃極樂國度之元神空然無物。
- 琭琭如玉：琭，光彩耳。玉，指觀照。
- 珞珞如石：珞，以珠玉綴成頸飾。石，指元神固若磐石。
  喻元神真身剎那相續循環，直到永恆。

第四十章

「反者，道之動，弱者，道之用。天下萬物生於有，有生於無。」

老子云：元神破時空妙身，是迴向煩惱乃容之始。有元神觀照，不外乎！日常隨順風吹草動舉目踏步搔首弄姿般般事，煩惱化境所自然流露出來清淨新世界。

這一切本來是元神清淨妙域世界，可恨那廝妄念，亂造人人之六神，以為翻轉萬物成了天地之間千重萬難死敵對頭，而幾許無奈的世事萬物，來自於煩惱一時糊塗之元神。

之註：
- 反者：一切反向煩惱妙身，亦元神妙色身。如第二十五章遠曰反。
- 弱者：有觀照元神者。如第三十六章弱勝強。
- 道之動、之用：皆是煩惱有容隨順自然之意。如第八章事善能，動善時。反第四章道沖而用之。
- 天下萬物生於有：天下萬物，談元神一體兩面世界。如第三十一章吉事尚左，凶事尚右。有，妄念之起，亦產生人人之六神，而來世事萬物。如第三十二章始制有名，名亦既有。
- 有生於無：有，此指煩惱障。無，元神。參考第十一章無之以為用。

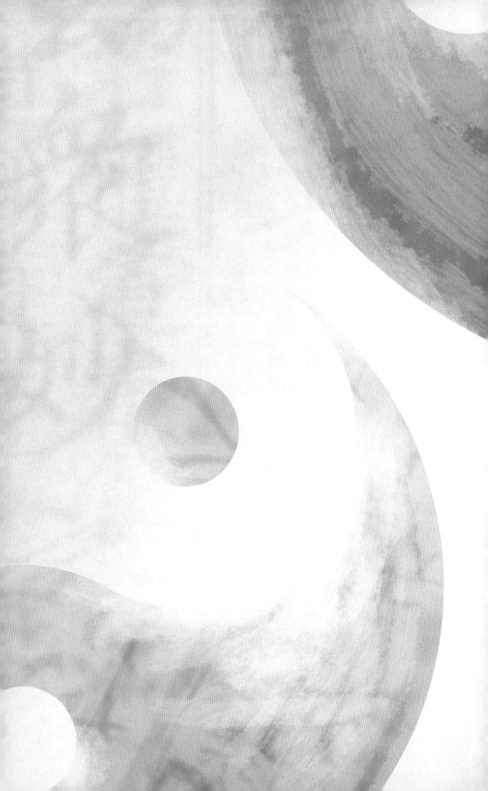

卷五：上士聞道─出生入死

第四十一章

「上士聞道，勤而行之；中士聞道，若存若亡；下士聞道，大笑之，不笑不足以為道。故建言有之，明道若昧，進道若退，夷道若纇，上德若谷，大白若辱，廣德若不足，建德若偷，質真若渝，大方無隅，大器晚（免）成，大音希聲，大象無形，道隱無名，夫唯道善貸且成。」

老子云：上根學習之人，聽聞迴向煩惱脫胎換骨大道，知隨順之妙，戮力奉行之；中根之人，聽聞反求煩惱，煞有其事；下根之人，聽聞內明煩惱，一笑置之。還有不學習者，嗤之以鼻，啥是破解煩惱之道？

是以迴向煩惱創造妙色身，不走離世事萬物。學習親近煩惱如撲朔迷離晦暗不清的俗念。於今懂得推進那無惡不作的煩惱，如節節逼退歹念乖乖就範。如煩惱當真發生絕妙求生，而當下點燃真身，來自於一切往來有落差的世事。這樣子出現煩惱域如並立著內觀者。原來能證妙身的內觀，俱是妄念改換天使般形象而來。突逢妙域如天然無底洞般，一容再容天下事無了時。這起造清淨新微域如內觀者平日隨順之

行，不問眾生逕自而取。

　　既來之元神新微域不垢不淨的本質，猶如穿透煩惱門的圭形小洞竟顯而易見。亦形同清淨身一舉戳破空間晃子的實相。如是天開微域世界穿梭不息美麗影像，如一聲長嘯，元神觀照瞬間劃破天際了無痕跡。是以新微域世界的元神本來無一物，大變身於恆順的無知觀照。這才唯有迎向煩惱尋求內觀者而建造美夢成真的新世界。

　　故得天下之至，何異於凡。人不知想當然耳，唯不慍乎！

之註：

- 上士：士，論語子曰：士志於道而恥惡衣惡食者，未足與議。
  指有志於學習生命真相者，上根之人。
- 故建言有之：言，清淨妙色身。同第八章言善信。有之，如第四十章天下萬物生於有。
- 明道若昧：明，內學。昧，黎明前黑暗。
  意謂學習探索煩惱，猶如飄逸的妄念，撲朔迷離晦暗不清。
- 夷道：夷，正常真身。通第十四章視之不見名曰夷。
- 纇：崎嶇不平，喻一切往來世事落差很大。
- 上德若谷：上德，煩惱域。參考第三十八章上德無為，而無以為。谷，內觀者元神。如第三十九章谷得一以盈。
- 大白若辱：大，清淨身。同第二十五章故道大、天大、地大、人亦大。白，明白，指內觀。辱，妄念。同第二十八章知其榮，守其辱。
- 廣德若不足：不足，貪得無厭。
  專指微域乃容性質。
- 建德若偷：建德，參考第三十六章論固字。偷，不問而取，專

指內觀者隨順特色。

乃打造通古新微域，有賴平日內觀者的隨順憑以致之。

- 質真：新微域不垢不淨本質。參考第二十一章其精甚真。
- 窬：門邊牆壁之圭形小洞，喻狹窄煩惱門。
- 大方無隅：大方，參考前揭大白若辱。無隅，無空間現象。
- 大器晚（免）成：微域世界。參考第二十八章樸散則為器。
- 大音希聲：希，觀照。如第十四章聽之不聞名曰希。
- 大象無形：大象，同第三十五章執大象，下下往。無形，本來無一物。
- 道隱無名：道，如第十六章道乃久。無名，指觀照。參考第三十七章吾將鎮之以無名之樸。
- 夫唯道善貸且成：善貸，借用眾生取代妄念之內觀者。參考第八章論善。成，如第十五章故能蔽而新成。

第四十二章

「道生一，一生二，二生三，三生萬物；萬物負陰而抱陽，沖氣以為和。人之所惡，唯孤寡不穀，而王公以為稱；故物或損之而益，或益之而損；人之所教，我亦教。強梁者不得其死，吾將以為教父。」

老子云：先天元神本有觀照能力，之化生清淨微域世界來來往往不凡真形，真個兒飄飄然輕而易舉，留也留不住，何等逍遙自在乎。

因動了凡念而觀照不知去向。乃接二連三長六神，其之各懷鬼胎，與我惡臉相向天地，於焉而生。天、地、人，構築世事萬物；可謂天底下凡我眾生，皆含曼妙難得的元神，而俱是生活大自然懷抱裏。是因元神真形棄之不用，可嘆能觀從此被同化於妄念之煩惱。由此可知，人之眼、耳、鼻、舌、身、意產生作用，這經由擴張開來人間複雜多彩現象，以為生命止於彼此合群相處，不知是同一鼻孔出氣！

凡眾之煩惱所厭惡不足，唯居下嫌少，而王公貴侯獨以無私而下下自居；是以煩惱之妄念果然舒緩減少，少之又少，必然有益矣，有益於容納萬物化作盡時空健在身，而足以應付倔強思凡惡習；是以人之煩惱不安分妄念，是教我師，我能觀元神，亦轉煩惱師。

煩惱多凡情者，認了天地是不爭事實，絕無轉圜餘地，此一類人堅固危見，必栽在不得善終。是以吾將妄念所引發錯誤見解，以為師教內學之首要課題。

之註：

- 道生一：元神本來無而化生形、氣、神，乃觀照。通第二十二章聖人抱一為天下式。
- 一生二：指凡塵俗念。
- 二生三：指凡身（眼、耳、鼻、舌、身、意）。
- 三生萬物：指人有煩惱。
- 萬物負陰而抱陽：陰，元神。陽，大自然環境。參考第二十八章知其雄，守其雌。
- 沖氣：先天元神之真形流失，觀照逃之夭夭。通第四章道沖而用之。第十章專氣致柔，能嬰兒乎？
- 以為和：以為，妄念。參考第十一章故有之以為利。和，參考第十八章六親不和有孝慈。
- 人之所惡：參考第二十章人之所畏。
- 稱：適，自居。
- 損：本章有二義：

   一、謂減少煩惱，得輕安。

   二、以為對抗難調死脾氣。
- 強梁者：強梁，房屋主樑，堅強無比，喻煩惱強大者。

   某一類人，將有煩惱而帶來無限擴大世事萬物，認為是鐵錚錚的事實，無從改變。此之凡知凡見，如房屋主樑，堅強無比。亦佛家云：一闡提者。
- 吾將以為教父：以為，如前揭沖氣以為和。教父，教育之首要課題。

第四十三章

「天下之至柔，馳騁天下之至堅。無有入無間，吾是以知無為之有益。不言之教，無為之益，天下希及之。」

老子云：有一莫知遙遠的元神微妙國域，其之所以駕馭重重疊嶂天地。以空然無妄的煩惱，乃願含了堅固難摧世情萬物，可以不費吹灰之力。吾是得以體會去妄柔順之可貴。反求煩惱之學，即是教眾澈底擲妄而順遂所願之尊勝。唯我本願觀照得此傳說中神聖秘境盡收眼底。

之註：
- 天下之至柔：柔，微妙身。如第十章專氣致柔。
  得微妙身，學而時習之至，可謂元神微妙國域。
- 馳騁：駕馭。
- 天下之至堅：參考第三十二章始制有名，名亦既有。
  因妄念而推之至極，乃改變重重疊嶂天地，是人人煩惱最不易說服的知障。
- 無有：妄盡煩惱。參考第四十章有生於無。
- 無間：喻堅固不移萬物。
- 無為之有益：無為，參考第二章處無為之事。有益，如前一章故物或損之而益。
- 不言之教：道觀守口為上，反求煩惱之學。同第二章聖人處無為之事，行不言之教。
- 無為之益：如第十章愛國治民，能無為乎？
- 天下希及之：天下希，元神觀照，乃對照首句天下之至柔。
  如第四十一章大音希聲。及之，得之。

第四十四章

「名與身孰親？身與貨孰多？得與亡孰病？是故甚愛必大費，多藏必厚亡。知足不辱，知止不殆，可以長久！」

老子云：無明妄念成天臆測愛恨情仇，與人身五根之眼、耳、鼻、舌、身單純無染，親近誰乎？人身煩惱無邊與有限世有財貨，誰多乎？凡人自以為積財有得，汲汲營營不可終日，不知五根受煩惱奴。不若妄盡還源觀五根源源不絕妙色身世界，享自由自在。誰是缺陷不足乎？

是以煩惱貪慾需索無度，必大費周章疲於奔命。積聚藏私無止盡，想必招來元神敗亡。是以悉了迴向煩惱有可人清淨身，是妄念同體異世界，則不受煩惱鬼的摧殘。有了內觀登時發覺之與微妙煩惱域成雙入對乎。這樣平時一切時中有無妄內觀者隨順而行，可以交織出絕佳的元神恆順天長地久！

之註：
・名與身：名，無明妄念。如第一章論名。
　此談妄念與人身五根比較。
・身與貨：身，凡身六根其中煩惱是門面，亦色身代表。貨，財物。
　是故煩惱與世有財物較徑。
・得與亡孰病：得，承上指擁有世間財富。亡，妄息之觀照。

參考第三十三章死而不亡者壽。病，缺乏不足，缺陷。

- 是故甚愛必大費：故，參考第一章論故。
- 多藏必厚亡：厚，元神者。通第三十八章大丈夫處其厚。
  亡，此為敗亡。

  元神者敗亡。

- 知足不辱：知足，明白迴向煩惱有可人清淨身，與之妄念
  係元神一體兩面，惟相互排斥。參考第三十二章夫亦將知
  止。第二十八章常德乃足。第三十三章知足者富。辱，如第
  四十一章大白若辱。

  此之舉世間知足凡者，以妄念做學問，雖可得淵博學識，惟
  宇宙人生付之闕如。不若得清淨身，可揭曉生命答案。

- 知止不殆：參考第三十二章知止可以不殆。

  此指內觀之與煩惱域雙雙對對，亦稱之無妄內觀者。

- 可以長久：長，元神。同第二十八章聖人用之則為官長。久，
  同第十六章道乃久。

第四十五章

「大成若缺，其用不弊；大盈若沖，其用不窮；大直若屈，大巧若拙，大辯若訥；躁勝寒，靜勝熱，清靜為天下正。」

老子云：全新思維之徑成就，透露出超吸睛眾生消息，肯定妄念缺缺，不得不遍容一切色類眾補強，這是元神思維域能容，終日不疲不睏沒完沒了；日常之中思維妙域來去自如真形，這是元神內觀能隨天地萬物，如流水不枯綿綿密密盡未來際。

當來人人六根門首微域立足的元神，即是這名睽違已久內觀者，唯移樽就教於世事蒼生，由此原點漸次充實版圖領域。而改變現狀新思維域駕臨，簡直是天真無邪，之前卻是庫藏無邊妄念所在，亦猶如觀照者是元神的露臉。則新思維世界不時涵容一眾一民或一類，是元神現身金碧輝煌之中說法，亦猶如觀照無知默默隨順之下。

思維域新世界各個閃身而過微妙眾生，清楚通達，超之泥滯煩惱溷不明不白。這樣有觀照元神一身孑然，逍遙更不在話下，那才叫真快樂，超之凡俗身軀一個名利病痛陰影擺不平，一團醬糊妄念，不知不覺煩躁不已，難道不曰可憐之人。是以不可思議觀照恆順是元神真思維世界。

之註：

- 本章主題落在大字，論煩惱之演變方式與內觀…等相輔相成。參考第十八章大道廢，有仁義。
- 大成：反向思考之徑成就，思維域。參考第四十一章夫唯道善貸且成。
- 大盈：參考第四章盈字詮釋。
- 本章其用有二：一、其用不弊，指日常元神思維域有容眾生並不缺。二、其用不窮，指元神內觀能隨並不中止矣。參考第四十章弱者，道之用。
- 大直若屈：大直，佇立於人人六神門面微域的元神。參考第二十二章枉則直。若屈，猶如內觀者出現，惟遷就隨順。
- 大巧若拙：大巧，新思維域。參考第十九章絕巧棄利。若拙，猶如毫無妄知觀照。
  此新思維域乃之前謀意所在，盡是蘊藏妄念大倉庫，亦猶如無妄觀照的處所。
- 大辯若訥：大辯，指新思維世界元神。參考第八章言善信。訥，默不作聲，乃觀照本質。
- 躁勝寒：躁，思維域新世界疾疾不息現象。寒，執著妄念空而裹足不前，亦無明煩惱。
  此指思維域新世界相對無明煩惱而言。
- 靜勝熱：靜，觀照元神。參考第十六章歸根曰靜，是謂復命。熱，煩躁不已。
  乃有觀照元神相對人身而論。
- 清靜為：清，新思維域。參考太上清靜經第二章夫道者，有清有濁。靜，同上靜勝熱。
  新思維域併處觀照的情形，重申是稱之不可思議觀照。
- 天下正：元神排除妄念之真思維世界。通第三十九章侯王得一以為天下正。

第四十六章

「天下有道，卻走馬以糞；天下無道，戎馬生於郊；禍莫大於不知足，咎莫大於欲得；故知足之足，常足矣！」

老子云：人人元神一覺醒來新眼觀，這默默佳人不即世事亦不遠萬物，卻如走馬帶糞，不即不離身；元神觀照死氣沉沉，如善戰之馬生於野，無人教之。儘爭食肥草，安逸享樂。內明天賦異稟，早早忘得一乾二淨而不知學。

是以煩惱為害，莫大於不知足。一切罪惡之源，莫大於貪念反覆捉弄，任它發揮的無以復加；是以新微域世界經漸次查證典藏宇宙萬物，這惟有從妄念完全清醒過來觀照之元神，乃能一眼看穿矣！

之註：
- 天下有道：世事者迴向煩惱無礙，是元神之觀顯。參考第三十一章故有道者不處。
- 禍：煩惱是禍端。
- 故知足之足：故知足，新微域世界。參考第四十四章知足不辱。之足，指由煩惱輾轉新微域世界，這轉進過程，可是充分看清楚了，我具體而微世界，是本自圓滿具足一切。易言之：可以不經由外求，即擁有一切，真的好神奇。佛經亦云：若能轉境，則同如來。
- 常足矣：常，觀照。參考第十六章復命曰常。足矣，乃元神。參考第二十八章常德乃足。

第四十七章

「不出戶，知天下；不窺牖，見天道；其出彌遠，其知彌少；是以聖人不行而知，不見而名，不為而成。」

老子云：學習之難能可貴於不踏出煩惱一小步，天下事物生之動之，居中元神能應知不異不亂，卻是邁向康莊人生一大步；不復執於眼見，元神觀那內面別有洞天，萬物栩栩如生；可說元神貫通古今新微域裸露出來，莫不包藏天地應有盡有，亦是元神另闢視窗的觀照才透視出此天大秘密；是以觀照者特點在於無知，一時遍照無所不知。一片新微域不存雜念而日月無邊藏。這麼兼而有之的元神大搖大擺出來，亦祇恆順一道事，人間仙境顯矣。

之註：
- 不出戶：戶，人人六神門戶，煩惱。同第六章玄牝之門。之謂學習者不離煩惱。
- 知天下：知，參考第十六章論知。天下，參考第十三章談天下。
- 見天道：見，在聖曰內觀，在凡曰妄念。天道，煩惱全面升級之煩惱域。同第十六章天乃道。
  敘述元神內面之觀。
- 其出彌遠：其，指元神。彌遠有二義：一指新微域涵蓋天地萬物，一乃互古長存。如第四十六章故知足之足。參考第二十五章逝曰遠。
- 其知彌少：彌少，觀照無知。參考第二十二章少則得。

- 聖人：參考第二章論聖人。
- 不見而名：見，此指妄念。名，世事萬物。如第一章論名。
- 不為而成：不為，元神恆順之意。如第四十三章無為之益。而成，細說人間仙境顯矣。如第四十一章夫唯道善貸且成。

第四十八章

「為學日益，為道日損，損之又損，以至於無為；無為而無不為。取天下常以無事，及其有事，不足以取天下。」

老子云：世間學記問而已，為之日有斬獲。人人反求煩惱之徑，隨之而學，妄想日日少。少之又少，以至於一念也無，乃能注視為之；趁勢之際念無處出生，乃能觀世事萬物莫不返意。是以取我元神，以似曾相識無妄內觀者重執兵符。及其有意，我之與元神又有何干！

之註：
- 為學：世間學。
- 為道日損：妄想日日少矣。參考第四十二章故物或損之而益。
- 以至於無為：參考第二章是以聖人處無為之事。
- 無為而無不為：煩惱念無處而出生清淨人、事、物。乃日常生活一切無不反映於念無其中，以此內觀世事萬物返意。參考第三十七章道常無為而無不為。
- 常以無事：參考第三十四章常無欲，可名於小。

第四十九章

「聖人常無心，以百姓心為心。善者吾善之，不善者吾亦善之，德善。信者吾信之，不信者吾亦信之，德信。聖人在天下，歙歙為天下渾其心。百姓皆注其耳目，聖人皆孩之。」

老子云：內觀者即是清淨眾生乍現於無想天，平常無時無刻祇隨諸眾萬物顯示形、氣樣真身為異想天開。

諸有真身者我之能觀，內觀者我是內學之也，兩者無不來於心想境觀來照去。

心想境者我觀照之不疑，觀照者我是元神之慧眼不疑，此升等先天微域全無疑是元神老身一手推波助瀾。

觀照者之重溫元神老身懷抱，為日常生活細微末節事，如洪水般滾滾奔流而來，俱是牽一髮而動全身之新想域世界。茲世事眾生流入元神不可思議觀照，皆是紛紛表態還我元神夢寐以求相好。

之註：
• 本章表現方式，可比照第一章此兩者同出而異名，同謂之玄。
• 聖人常無心：聖人，內觀者。參考第二章論聖人。常，清淨眾生。參考第十六章知常容。無心，無想天，乃善惡之源。如第八章心善淵。

- 百姓心為心：諸眾萬物顯示形，氣般真身為真心，亦異想天開。（異想天開：大大不同於有妄念之想，猶如庭院深鎖妄想打開矣！透出真正眾生之想域）
- 善者：諸有真身者，有也。通第三十章善者果而已。
- 善之：內學之徑。通第二十章善之與惡相去若何？
- 不善者：內觀者。參考第二十七章不善人者，善人之資。
- 信者吾信之：信者，心想境者。信之，指觀照。參考第二十一章其中有信。
- 不信者吾亦信之：不信者，指觀照者。
- 聖人在天下：可比較第三十二章譬道之在天下，猶川谷之與江海。
- 歙歙：反覆縮鼻吸氣，喻一切行為各個動作生滅細節。
- 渾：如大水滾滾奔流矣。如第十四章渾兮其若濁。
- 耳目：不可思議觀照。
- 聖人皆孩之：元神之純真好相。參考第二十章如嬰兒之未孩。

第五十章

「**出生入死，生之徒，十有三；死之徒，十有三；人之生，動之死地，亦十有三。夫何故？以其生生之厚。蓋聞善攝生者，陸行不遇兕虎，入軍不被甲兵，兕無所投其角，虎無所措其爪，兵無所容其刃，夫何故？以其無死地！**」

老子云：從煩惱出來元神老身剎那生剎那滅相續相不已。乃不可思議觀照美妙相，以生之即滅，如生龍活虎般活形活現，稀鬆平常；元神無色身，以滅之即生，亦稀鬆平常。這瞬間轉變美妙國域瑰麗無比。

而人之生，殘身軀體不幸橫逆而亡，亦佔十之有三。這煩惱是怎麼回事？以其妄習壞毛病作怪，長之煩惱難以自拔，厚積必發，病折豈遠哉。

蓋真人日常行、住、坐、臥死守不可思議觀照不離不棄。是以移步換形，聞事化氣，觸物轉神，莫不前仆後繼，來回煩惱妙域沖洗妄念乾乾淨淨，乃能矯習不輟則元神老身在在。行於地不為牛虎獸襲。陣仗不被兵器所傷。牛獸之角不能犄。虎無所施其銳利之爪。兵卒使其刀器不能害。這煩惱又是怎麼了？以其從妄念魔頭脫困出來老身，實在空無要害可擊！

之註：

- 出生入死：出，指從煩惱出來的元神。通第三十五章道之出言。

  言元神隨順萬物生滅相，猶如生死不歇。通第四十二章道生一。

- 生之徒：不可思議觀照之化眾，生也。參考第三十九章萬物無以生將恐滅。第三十二章樸雖小、天下莫能臣。

- 死之徒：元神寂身，本來無一物，滅耳。

- 十有三：

  一、稀鬆平常。

  二、習以為常。

- 動之死地：動之，妄念。反第四十章反者，道之動。及第十五章孰能安於動之徐生。

  指妄念而來凡身，有生、老、病、死現象。

- 夫何故：故，煩惱。通第一章論故。

  指煩惱正反面所呈露現象，竟然有天差之別。

- 生生之厚：生生，通第三十二章道生一，一生二。厚，元神。通第四十四章多藏必厚亡。

  此謂積惡習於負面煩惱之元神難以翻身。

- 聞善攝生者：聞善，日常之行。攝生者，不可思議觀照無礙元神者。亦如前揭生之徒，十有三。如佛經云：都攝六根，淨念相繼。

- 兕：似牛之獸。

- 以其無死地：其，指無妄元神。無死地，亦元神無色身，微乎其微。反前揭人之生，動之死地。

  指老身空無要害可擊。

老

莊

之

道

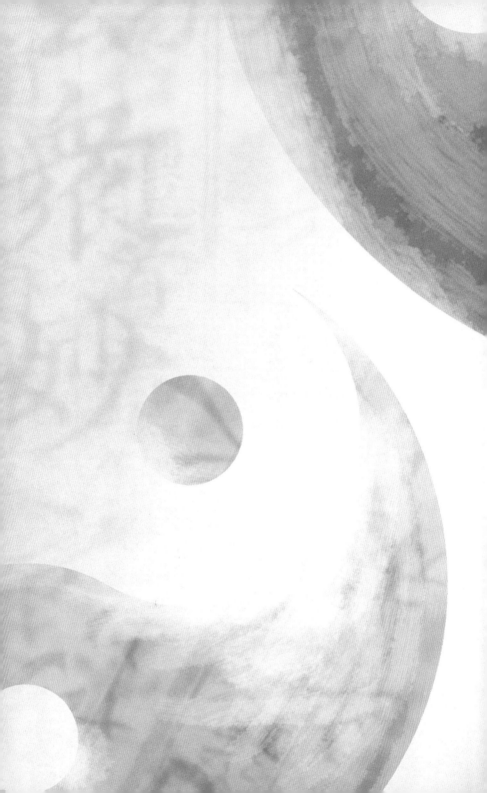

卷六：道生之—治大國若烹小鮮

第五十一章

「道生之，德蓄之，物形之，勢成之。是以萬物莫不遵道而貴德。道之生，德之貴，夫莫之命而常自然。故道生之，德蓄之，長之育之，亭之毒之，養之覆之。生而弗有，為而弗恃，長而弗宰，是謂玄德。」

老子云：生命之主長六神，緣由妄念作祟而來，乃造化弄人形成天地繁衍不息萬物，其之煩惱誤判形勢操戈一切自然現象。是以人人各自創造一片天各自受，而煩惱是罪魁主謀。

解鈴還得反向煩惱有物，得移物換形之自在身，來自於隨順而已。這即不可存有意思強求之順仔內觀。

是以內觀者之重逢。煩惱域超乎想像大化暗為明，端賴平時生活一點點一滴滴細行，得以戰戰兢兢攢積不退轉。一方面栽培內觀者成元神，一方面提供微域級級上升所需元素。若干時日嶄露宛如四方亭元神新微域豎立於天地間，以之天生一對觀照億載萬物瑞相，每每是不留情面。如是載來

載去成功諦造個兒高大元神，以之無載不遍滿十方的無上新世界。

　　此剎那雷霆萬鈞新氣息，一幕幕上演新意境多得不得了饗宴！得力於千秋不熄的觀照者元神重掌人世界一切，這時才十分明白，我等竟是短暫訪客罷了。亦元神正大光明的到來而恆順特質永久不變。是謂由煩惱門一下切換超越時空之元神無上極樂殿堂，先決條件端看觀照臉色。

之註：
- 道：本章總結論道順序：一、生命之主，元神。二、迴向煩惱之徑。三、內觀者隨順之行。
- 德蓄之有二：
  一、德謂思處。如第二十一章孔德之容。蓄，豢養妄念。是故妄念增長，接下句物形之，裟婆來。
  二、思地轉形、氣、真身，時習之，微域重現。如佛經云：業相，轉相，境界相。
- 物形之：天地萬物。通第十六章夫物芸芸，各復歸其根。
- 勢成之：一般人掉入煩惱自我知見的泥淖，形成一股強大牽引勢力，營造出處處與眾生樹敵的生活空間。反第四十五章大成若缺。
- 夫莫之命而常自然：莫之命，念斷處。參考第三十二章民莫之令而自均。常，如第十六章復命曰常。自然，如第二十五章道法自然。
- 故道生之：乃煩惱之內觀者呱呱落地。如第三十一章故有道者不處。
- 長之育之：長之，培植元神長高拙壯。如第四十四章可以長久。育之，提供建造無上新世界所需元素。
- 亭之：元神新微域樣如四方亭，具體而微。如第五章天地之

問，其猶橐籥乎！

- 毒之：觀照剎那間不留情面現象。
- 養之覆之：養之，指元神。參考第三十二章衣養萬物而不為主。覆之，無上新世界各式各樣圓滿相。
- 長而弗宰：通第十章長而不宰。
- 是謂玄德：人人本有極樂殿堂。通第十章是謂玄德。

第五十二章

「天下有始，以為天下母。既得其母，以知其子，既知其子，復守其母；沒身不殆。塞其兌，閉其門，終身不勤。開其兌，濟其事，終身不救。見小曰明，守柔曰強，用其光，復歸其明；無遺身殃，是謂習常。」

老子云：宇宙時空由來，肇端於元神的極樂殿堂失聯，是為退守人人暗潮洶湧妄念之煩惱。既得元神煩惱域是六根公眾場所，定是開竅了，進進出出穿越時空元神形形色色上人。既然應驗了，於古不增於今不減元神新微域本質，猶原時時守住產生共伴效應的元神觀照；身子掛了極樂世界不崩。

鎖住煩惱域清一色上人，自絕於六神門前，一生懷憂，勞勞碌碌不斷，不知生命大義。啟動內觀者，超渡世事萬物，永無休止隨順享自在。

見證念貧處有好了不起眾生！謂之內觀。守住微域，謂之克服千辛萬難，打破煩惱僵局。

日常之中待人處世捨識還觀，諸眾萬物無不晉身新剎土展現元神玲瓏有緻的奇妙景象，有道是元神失而復得觀照；這樣如詩如畫的人生，夫復有何求？唯有等待完成契入極樂

世界元神，至此圓滿得知行屍走肉垢身是禍胎真相，是謂學習連線新美妙身之道。

之註：

- 天下有始：有，通第四十章天下萬物生於有。始，元神極樂殿堂。通第三十二章始制有名。
- 以為天下母：通第二十五章可以為天下母。
- 既得其母：指煩惱域。
- 以知其子：清淨真身。通第四章吾不知誰之子。
- 既知其子：指新微域重現，亦新剎土。
- 復守其母：乃觀照。
- 沒身不殆：通第十六章沒身不殆。
- 塞、開其兌：其，指元神。兌，煩惱源，妄念並存清淨身。故煩惱源塞則妄念，反之開，則有清淨身之內觀。
- 門：人人六神門前微域，或煩惱門。通第十章天門開闔，能為雌乎？
- 終身不勤：終身勞碌不斷。通第六章用之不勤。
- 終身不救：終身，此通前句沒身不殆。不救，隨順。永無休止隨順享自在。
- 見小：見識煩惱有多了不可得眾生。如第四十七章論見。第三十四章可名於小。
- 守柔：內在微域。如第四十三章天下之至柔。
- 強：此指煩惱破障，真正突破自己習氣。如第三十六章論強。
- 光：捨識用觀。如第四章和其光。
- 復歸其明：復，恢復新剎土。歸，通第二十二誠全而歸之。明，觀照。通第三十六章是謂微明。
- 無遺：指極樂世界本體，已然含蓄蓬勃的天地真相，完全毫無遺漏。
- 身殃：原來肉體醜陋身是禍患。
- 是謂習常：常，通第十六章知常容。

第五十三章

「使我介然有知，行於大道，唯施是畏。大道甚夷，而民好徑。朝甚除，田甚蕪，倉甚虛，服文采，帶利劍，厭飲食，貨財有餘，是謂盜夸，非道也哉！」

老子云：苟日，我一介升斗小民猛然之中覺醒，點亮煩惱之間有新也。日日時習之洗腦革新內徑，經久亦不昏頭疲倦。這唯有憑恃妄念自新之內觀者隨順而為有以致之。

此時此刻新人生而過著新生活運動，總之一切回到煩惱完美如初的願景新微域世界元神，亦只平淡無奇。而凡眾擅於較勁爭強。總是四體不勤，日不敷用。忙於田園雜草荒蕪。勞形於倉庫不夠充實。或打扮華飾裝模作樣。佩劍好炫耀。挑剔飲食。精於聚財有餘。緣道貴在著實內學，凡此諸般急功好利外在離譜行徑，虛誇浮名，盡是妄念作用罷了。非回向煩惱生命自在之學！

之註：
- 使我：使，亦煩惱。
  乃是凡夫小我之謂。參考第三章不尚賢，使民不爭。
- 有知：發現煩惱之間苟日新，乃是美妙身。參考第十六章論知。
- 唯施是畏：唯施，乃承接上句有知付諸實行於大道，非內觀不可能。畏，參考第二十章人之所畏。

- 大道甚夷：大道，參考第十八章大道廢，有仁義。夷，參考第四十一章夷道若纇。

  時習煩惱之至，是元神新微域世界。
- 徑：較勁爭強。
- 盜夸：盜，妄念。如第十九章絕巧棄利，盜賊無有。夸，虛誇。

第五十四章

「善建者不拔，善抱者不脫，子孫以祭祀不輟。修之於身，其德乃真；修之於家，其德乃餘；修之於鄉，其德乃長；修之於邦，其德乃豐；修之於天下，其德乃普。故以身觀身，以家觀家，以國觀國，以天下觀天下，吾何以知天下之然哉，以此！」

老子云：好名重利者堅固執著。死守不放吝嗇者食古不化。之後繼子孫亦承其習，向之崇拜祭祀不已，陋習之害人匪淺。

改習杜絕後念，其煩惱乃先來真實相；今後日常舉止動用實實在在還我內觀者，不再裹足退怯，此時其煩惱不唯妄習獨享，乃之錯落有致微妙相；日日內觀根前微域不敢疏忽怠慢，這才發覺人世間莫不由此而來，其煩惱乃有半遮半掩的元神將騰空出來，可以日新月異不中斷；俟眼下元神觀照者學會了，瞬間知無不盡，盡無不信真功夫，其煩惱乃揭示無異於宇宙時光縮影，不正是豐富無盡藏；終究若是完全空的元神走向大視界，其煩惱乃能包天包地包下萬民，俱是無尊卑高下普遍圓滿平等。

從新學習時時以凡身忘情於意，若因而勁爆自由身為之雀躍不已。乃以元神內觀併存意域，得憂惱奪門出精神爽。

以元神觀照者兼而有之新意域，人生如戲不再是句掛在嘴裡口號而已。觀之又觀，的是澈底修復了元神能觀照這面圓鏡，一直順著萬物新新無盡淨土世界。

　　吾何以知道元神原來如此恆順哉！先着手於改妄習，順勢剖開煩惱除舊佈新，之後由無妄內觀者隨順而去，遵此先後之跡！

之註：
- 善建者：好名重利者。
- 不拔：堅固執著。
- 不脫：食古不化。
- 德：參考第二十一章孔德之容。
- 修之於身：改妄習煩惱。參考第四十四章名與身執親，身與貨孰多。
- 其德乃真：真，參考第二十一章其精甚真。
- 修之於家：家，通第十八章國家昏亂有忠臣。
- 其德乃餘：乃煩惱揀別妄念，並居有清淨念之意。
- 修之於鄉：回首六根門前微域。如莊子逍遙遊故夫知效一官，行比一鄉。
- 其德乃長：長，元神。通第五十章長而弗宰。
- 修之於邦：指元神觀照者熟悉瞬知瞬滅功夫。
- 故以身觀身：故以身觀，乃原暨存於凡身意之專注。參考前揭修之於身。第十章論一。身，自在真身。
- 吾何以知天下之然哉：天下，參考第十三章論天下。然，恆順。參考第二十六章燕處超然。
- 以此：遵此先後次第。

第五十五章

「含德之厚，比於赤子；毒虫不螫，猛獸不據，攫鳥不搏；骨弱筋柔而握固，未知牝牡之合而朘作，精之至也。終日號而不嗄，和之至也；知和曰常，知常曰明，益生曰祥。物壯則老，謂之不道，不道早已！」

老子云：有淨土世界之元神極微之微，一塵不染若嬰兒般無知；毒蟲不能螫之，猛獸不能害之，鷙鳥不能傷之。

元神本尊極微若深幽空谷龐然高大，谷頂之微觀能隨，如同矗立著不位移新淨土能受。詎料隨受世事萬物而長真神，一一神奮起獨樹一幟，可謂在在處處從不棄守世界盡頭，是元神觀照不可勝數變臉。時時裝臉神氣樣，而不沾染妄念，亦即元神無盡微域世界。

秀出思障有眾生好樣謂之真神。了知清淨真神謂之內觀智慧。最終嘛！不可思議觀照突顯生生不盡謂之元神新微域世界。

反之凡身筋骨強之，妄念風湧，純真內觀者遭難，則生老必然耳，謂之外求。外求！今生惟有死路一條罷了。

之註：
• 含德之厚：含德是淨土世界。厚是元神。通第四十四章多藏

必厚亡。

謂之有淨土世界之元神。

· 骨弱：參考第三章弱其志，強其骨。暨第三十六章弱勝強。由此可知元神者。

· 筋柔：喻之微觀照，如筋絡剎那無數。參考第三十六章柔勝剛。

· 握固：喻元神緊握新淨土不放。通第三十六章論固。

· 牝牡之合：牝，雌，此喻新淨土。參考第六章谷神不死，是謂玄牝。牡，雄，喻世事萬物。通第二十八章知其雄，守其雌。合，通第三十二章天地相合，以降甘露。

· 朘作：喻真神奮起獨樹一幟。

· 精之至：元神觀照。同第三十一章其精甚真。

· 號而不嗄：喻觀照變臉神氣樣，取代煩惱妄念。

· 和之至：元神先天微域。同第四十二章沖氣以為和。

· 知常曰明：知常，同第十六章知常容。明，內觀智慧。通第五十二章見小曰明。

· 益生曰祥：益生，不可思議觀照。同第五十章聞善攝生者。祥，元神新微域世界。有異於第三十一章兵者，不祥之器。

· 不道：外求。同第三十章物壯則老，是謂不道。

第五十六章

「知者不言，言者不知，塞其兌，閉其門，挫其銳，解其紛，和其光，同其塵。是謂玄同。故不可得而親，不可得而疏，不可得而利，不可得而害，不可得而貴，不可得而賤，故為天下貴！」

老子云：元神放眼天下了了分明，一切盡在不言中。動口俗者真實相掉光光。妄念掘起，如鎖生命之源，自棄根前微域於不顧，世事從此把我相煎而煩惱驚擾不已。

夫惟那夭壽妄念改弦更張可終結敵對危機：凡事諸眾重新浮上元神煩惱域清淨人並不減。俗事喧囂不安情境來元神內觀井然有序。此之歷歷在目精華新微域，亦出自於元神觀照層出不窮。終於明白新微域世界，亦元神恆順萬物不知年。之所謂元神觀照即是新微域世界，反之亦同。

是以煩惱不可得之元神形、氣、神之法身，乃由妄念當家徇私舞弊多有。不可得之清淨念，乃有罔顧眾生之事。不可得之奪時空新鮮人，乃有損人利己。不可得之各色各樣上人，乃有情緒不安。不可得之微妙真身，乃有鑽營取稀。不可得之諸眾生實相，乃有不知看管妄念而有輕慢侮眾行為。是以煩惱完全改觀之新微域世界，乃元神重來恆順諸有眾生類！

之註：

- 本章可先對照第四章「道沖而用之…等」。
- 知者：先學煩惱處照亮前所未有新鮮人，是謂有知，以此內學迭經多少寒暑，了知觀照乃元神之放眼，是謂知者。可參考第五十三章使我介然有知。而異於第三十三章自知者明，猶門外為學。如第十六章談知。
- 塞其兌，閉其門：同第五十二章塞其兌，閉其門。
- 和其光：光，觀照。如第五十二章用其光，復歸其明。
- 是謂玄同：參考第一章同謂之玄。
- 故不可得：故，指煩惱。如第一章論故字。
  此謂煩惱其中元神隱匿真實相不可得。
- 親：徇私，多妄。如第十八章六親不和有孝慈。
- 害：不安。
- 利：參考第八章談利。
- 不可得而賤：放任妄念。參考第三十九章故貴以賤為本。
- 故為天下貴：故為，煩惱恢復放眼觀照，新微域世界。如第二章談為字。天下貴，同第三十九章故貴以賤為本。

第五十七章

「以正治國，以奇用兵，以無事取天下；吾何以知其然哉，以此！天下多忌諱，而民彌貧；人多利器，國家滋昏；人多伎巧，奇物滋起；法令滋彰，盜賊多有；故聖人云：我無為而民自化，我好靜而民自正，我無事而民自富，我無欲而民自樸！」

老子云：真人尋思之徑，以為治理元神新微域世界。以此之日常生活甩頭擺手細緻諸眾生，唯用反視可臻。以無知觀隨順之際，頂替使人煩憂惱念，乃能親睹本來元神全貌；吾如何得知生命實情的元神在於恆順哉，循此方式！

對於世事萬物稜角禁忌多，乃元神溜焉，新微域世界精彩眾生全然錯過，貧不可及；凡心狡詐多，新微域僅僅成了茶餘飯後閒聊話題；人多巧思伎倆，乃有六神憑識互不招惹侵犯，忘了一脈同源於煩惱域；是故各門教條戒律森嚴，亦無法箝制人人多如牛毛妄圖煩惱。

是以真人云：我莫煩惱，萬民自然而然化作元神清淨身。我反觀，眾生自然而然俱轉元神煩惱域。我無私觀，一切世事自然而然是元神新微域無盡子民。我妄去身盡，天下民眾自然而然掉頭作元神美不勝收觀照！

之註：

- 正：反求煩惱真實相。如第四十五章清靜為天下正。
- 治國：人人元神新微域世界。參考第五十四章以國觀國。
- 以奇用兵：奇，人之六根聞觸諸事眾物升級形、氣、神，云其不可想像。兵，內觀。
- 以無事取天下：參考第四十八章取天下常以無事。
- 吾何以知其然哉：其，元神。然，參考第五十四章吾何以知天下之然哉。
- 而民彌貧：民，參考第三章論民。
  可謂元神新微域世界清淨眾生盡失。
- 人多利器：利器本來是完美無缺觀照，因多加油添醋，成了妄念一大堆的凡人俗子。參考第三十六章國之利器，不可以示人。
- 國家滋昏：國家，參考第十八章國家昏亂有忠臣。
  可謂新微域不復矣。
- 人多伎巧：謀意。參考第四十五章大巧若拙。
- 奇物滋起：奇物，乃原來煩惱域之神、形、氣真相。如前揭以奇用兵。如第二十一章其中有物。滋起，又招惹習識妄念。通第五十章以其生生之厚。
  煩惱域惹識，人之六根各個落單，不知同根生。亦即知見立知是無明本。
- 法令滋彰：法令，各教規範思想行為戒條。參考第三十二章民莫之令而自均。
- 盜賊：參考第十八章盜賊無有。
- 我：此指我平凡身。
- 我無為而民自化：無為，如第四十三章無為之益。自，元神。參考第三十七章萬物將自化。
- 我無事而民自富：無事，參考前揭以無事取天下。
- 我無欲而民自樸：無欲，妄去身盡。參考第三十七章夫亦將無欲，無欲以靜。民自樸，天下民眾皆化為元神美的觀照，新微域世界。通第三十二章樸，雖小。

第五十八章

「其政悶悶，其民淳淳；其政察察，其民缺缺；禍兮福之所倚，福兮禍之所伏；孰知其極，其無正。正復為奇，善復為妖。人之迷，其日固久，是以聖人方而不割，廉而不劌，直而不肆，光而不耀。」

老子云：真人施內終日悶聲不響，悉睹意下眾生淨化真身；凡眾機關算盡，視若無睹世事萬物起現形；煩惱兮，原來是新微域世界之一線生機。元神兮，原來是妄念之所塗鴉抹黑觀照。

誰知自己元神的秘密，其無煩惱真相。煩惱舊妄念拆卸重由眾生組合，這般內觀改良的世事萬物直接衝擊煩惱域為之煥然一新。待新微域再現光芒的元神，終於又露出臉來，觀賞如是光怪陸離新微域世界，簡直目瞪口呆。

這標緻清淨身迷茫於凡情事相，礙於妄念乏人問津久之久矣。是以人人之元神攢破空間假相清淨身為之亮眼，乃不可切割煩惱而獨自存在。有不得了煩惱域總是有不貪求內觀者作伴。元神再度佇立暨是根前微妙國又是觀照倆相好境界，一切變得不緊不慢不亂。自是擁有廣大群眾支持不可思議觀照重獲元神青睞而不為人知。

之註：

- 其政：元神之徑。
  是乃施內之法。
- 悶悶：悶聲不響。
- 其民淳淳：意下純純真身。參考第五十七章而民彌貧。
- 察察：精於算計。
- 禍兮：參考第四十六章禍莫大於不知足。
- 福之所：新微域世界。參考第四十二章人之所教。
- 福兮：對照福之所，謂之元神兮。
- 禍之所：妄念。
- 極：凡情世間來源於元神。參考第十六章致虛極，守靜篤。
- 正復：還原煩惱真相。同前一章以正治國。
- 為奇：為，同第三章為無為，則無不治。奇，煩惱微域。同前一章以奇用兵。
- 善復：指新微域。參考第八章上善若水。
- 為妖：妖，煩惱之妄念，亦元神新微域世界的所在。
  喻元神被新微域世界迷惑的目瞪口呆。
- 人之迷：人，清淨身。參考第二十五章故道大，天大，地大，人亦大。
- 其日固久：其日，乃有時空妄想凡情世間。固久，此接其日，乃妄念之不解久矣。參考第五十五章骨弱筋柔而握固。暨第三十三章不失其所者久。
- 聖人方而不割：聖人方，元神清淨身。參考第四十一章大方無隅。不割，參考第二十八章故大制不割。
- 廉：不得了煩惱域，亦無貪無私。
- 不劌：不偕妄念內觀者。
- 直：人人門首有觀照者生存新微域，元神微妙國。參考第二十二章枉則直。

第五十九章

「治人事天莫若嗇，夫唯嗇是謂早服；早服謂之重積德，重積德則無不克；無不克則莫知其極，莫知其極可以有國；有國之母可以長久，是謂深根固柢，長生久視之道。」

老子云：真誠施內探索元神實相學人，以恆順之憶莫若於無欲求，夫唯無欲圖才可謂之有容；隨物之初動，謂之得元神憶域不可稱數微妙身，此元神難盡妙身來自於眾生無不輾轉為憶；得無不憶即是不妄內觀之元神，俟無知觀照坦誠相見歡之元神，則可以有無邊國域；有通天微域世界元神並煞不住觀照者相挺，持之以恆而行，必然置身元神享有恆順不生不滅之樂。此謂深入憶蘊經由妄念釋出無限自由新世界，重沐不動元神遍照天下萬物之道。

之註：

- 治人事天：治人，此指憶之妄念突變元神各個實相眾生，得來大不易，故須治，即施內學人。通前一章人之迷。事天，天指存於憶之通天微域世界，事則功在隨順。通第二十三章故從事於道者。暨第九章功成身退，天之道。
- 嗇：省之又省，作意亦多，謂之無欲。
- 早服：早，喻提早妄念一步。服，有二：一乃吞服，憶之有容。一是服從，隨順。
- 重積德：重，不動元神。如第二十六章重為輕根。德，如第五十四章其德乃真。

謂之元神憶域無盡微身。

- 無不克：無不突破諸眾萬物為憶。
- 莫知其極有二：莫知，如第十章明白四達，能無知乎？極，乃是元神。通前一章孰知其極。

是以先證無妄內觀之元神，後得無知觀照之元神。

- 有國之母：國，亦有二：一指無邊國域，新妙域。一乃通天微域世界。母，通第五十二章復守其母。
- 可以長久：通第四十四章知止不殆，可以長久。
- 深根固柢：深根，深入憶之妄念。如第二十六章重為輕根。固柢，乃新微域世界之義。參考第五十五章骨弱筋柔而握固。
- 長生久視：不動元神遍照無息。參考前揭可以長久。

第六十章

「治大國，若烹小鮮；以道蒞天下，其鬼不神；非其鬼不神，其神不傷人；非其神不傷人，聖人亦不傷人；夫兩不相傷，故德交歸焉！」

老子云：人人內理本來元神無疆界新微域世界，如烹煮清新美味料理，須慢工出細活，時習於磨合之功。

真人平常一切時一切處面對一切事，捨致力於隨順勿用，其妄想雜念當不亂煩惱；不祇妄念不霸凌煩惱，其煩惱亦不排斥世事萬物；非惟煩惱不排除眾生清淨相，內觀者亦即是諸如此類實相；夫惟新微域與觀照互融不二，可以這麼說，新微域世界是攜伴觀照者回到老家元神！

之註：
- 治大國：元神新微域世界，若無疆界之國域。參考第五十九章有國之母，可以長久。
- 鬼：妄想雜念。
- 其神不傷人：神，煩惱。參考第三十九章神得一以靈。人，眾生實相。通前一章治人事天莫若嗇。
  謂其煩惱不氣走清淨眾生念。
- 故德交歸焉：故德交，乃新微域世界有觀照之水乳交融。歸焉，元神。參考第三十四章萬物歸焉而不為主。
  此之新微域世界，乃有觀照者一齊重返元神之意。

老

莊

之道

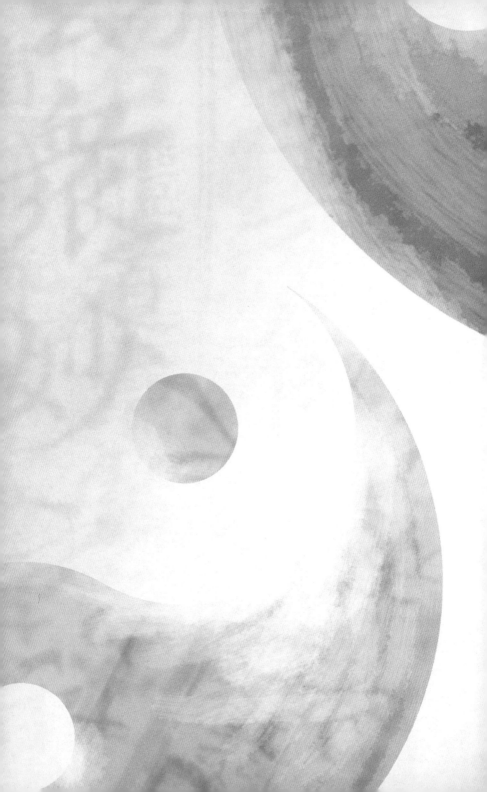

卷七：大國者下流—吾言甚易知

第六十一章

「大國者下流，天下之交，天下之牝。牝常以靜勝牡，以靜為下。故大國以下小國，則取小國。小國以下大國，則取大國。故或下以取，或下而取。大國不過欲兼畜人，小國不過欲入事人。夫兩者各得其所欲，大者宜為下。」

老子云：新微域世界元神者不動，如海納百川水。之觀照把關於人人六神煩惱門前，主持妄念交還清淨世事諸眾生。

煩惱域以無妄容之眾生，以內觀者能隨順。是以微域以含容了不可得諸有眾生，則得觀照。觀照者以隨順一切廣類，則得新微域。是以人人之煩惱或容入以顯示清淨人，或跟隨而表露內觀者無遺。

新微域無妄念而兼容並蓄難以估算清淨人，觀照不可思議相隨眾生不已。夫兩者各得一切無染新微域世界，俱皆難逃穩若泰山元神者廣容恆順。

之註：
・大國者：人人本來新微域世界元神者。參考第六十章治大

國，若亨小鮮。

- 天下之交：元神觀照，亦生存在人人六神門前煩惱。參考第六十章故德交歸焉。
- 天下之牝：參考第六章玄牝之門，是謂天地根。
- 牝常以靜勝牡：牝常，指煩惱域。如第十六章知常容。以靜，無妄念。如第十五章孰能以靜之徐清。勝，參考第三十三章自勝者強。牡，如第五十五章未知牝牡之合而朘作。
- 以靜為下：內觀。如第十六章歸根曰靜。
- 故大國：因煩惱而擴充煩惱域，進一步微域，新微域，終成新微域世界。或其之構成基本清淨份子！一般世有眾生。
- 小國：觀照了無所得眾生。參考第五十二章見小曰明。
- 不過欲：無妄念，亦不可思議。
- 畜人：涵養清淨人。如第五十八章人之迷，其日故久。
- 入事人：入，混而為一。參考第四十三章無有入無間。事人，如第五十九章治人事天莫若嗇。
- 大者宜為下：大者，元神者。宜為下，綜上所述，兼具有廣容而恆順特性。參考第三十九章高以下為基。

第六十二章

「道者，萬物之奧。善人之寶，不善人之所保。美言可以市尊，美行可以加人。人之不善，何棄之有。故立天子，置三公，雖有拱璧，以先駟馬，不如坐進此道。古之所以貴此道者，何也。不曰：求以得，有罪以免耶，故為天下貴。」

老子云：元神者，是天下萬物本具之無窮奧妙。一般俗世人眾煩惱之妄念泉源。真人煩惱域供應微妙身守護神。

有可求般般名聞利養，可以享人間至高權貴，猶不脫苦樂憂喜生死不明現象。真人每日落實迴向蒼生大眾之行，可以有擁有微觀元神享無量替換身，得恆常萬萬歲。凡眾欲自忘於觀自在，元神亦不自棄也。

所以一國君主，王公貴侯，或雖有執大璧珍物商人巨賈，出門有安車駟馬而載之，不如挺進煩惱。古人之所以崇尚迴向煩惱域曼妙身，何也？不談：煩惱求之可得功名富貴這等事，但學有妄念可以斷耶。是以使煩惱轉變美妙新微域世界的觀自在，祇是元神者出關恆順享歲無敵，乃人人不缺真善美慧。

之註：

· 道者：元神者，亦元神曼妙身。通第十五章古之善為道者。

· 人：本章人字，可參考第二十五章論人。

- 善人之寶：一般俗世人眾之煩惱。通第二十七章不善人者，善人之資。
- 不善人之所保：不善人，參考第二十七章故善人者，不善人之師。所，煩惱所。通第四十二章人之所教。
  指煩惱域所保留清淨妙身。
- 美言：有妄念俗世。對應上句善人之寶。參考第二章天下皆知美之為美，斯惡已。如後八十一章美言不信。
- 市尊：人間至高權貴。
- 美行：一切無不是反映煩惱之行，迴向之內學。亦對應上句不善人之所保。
- 加人：有默觀元神，乃人外有人。參考前一章小國不過欲入事人。第一章談玄。
- 人之不善：不善，參考第二十七章不善人者，善人之資。
  指凡者觀照之不來。
- 坐進此道：此道，迴向煩惱。
- 貴此道者：如前述道者，萬物之奧。通第十五章保此道者不欲盈。
- 罪：妄念。
- 故為天下貴：通第五十六章故為天下貴。

第六十三章

「為無為，事無事，味無味。大小多少，報怨以德。圖難於其易，圖大於其細。天下難事，必作於易。天下大事，必作於細。是以聖人終不為大，故能成其大。夫輕諾必寡信，多易必多難；是以聖人猶難之，故終無難矣！」

老子云：猶為學於轉妄習處，只絕處逢生但得萬事如意。爾今爾後，可任憑日常坐息明察種種淋漓盡致有趣觀行。則一時行蹤成謎的古老新微域傳奇，有了元神瞬目觀照交織再也包不住，如此不可思議觀照元神永遠獻身來去無影無蹤眾生，這美滿新微域世界！不再是存在著高不可攀的夢。由此看來煩惱蔚為人人另一絕佳去處。

希求轉煩惱在於念空處，希求無邊境界在於凡事提得起專注。平時生活人來人往應對瑣碎事，最難斷猜忌妄念哉，必是在於妄絕處有成人之美。凡是一經行為舉止昇華為煩惱域人氣王，皆須來自於內觀無礙。是以觀自在的隨順終歸妄念消失殆盡，煩惱乃能迎回諸法而生元神美妙新境界。

夫漠視反向煩惱疑難斷哉，可我妄念輾轉加劇，必攔淺業習而知見障礙難解；是以真人猶學習以內觀改寫妄念壞習慣，則終得煩惱之神秘者元神翻身揚眉吐氣矣！

之註：

- 為無為：參考第三章為無為，則無不治。
- 事無事：事，此對應上句，乃清淨身。參考第八章事善能。無事，內觀。參考第五十七章以無事取天下。

  平時有清淨身則不缺內觀。
- 味無味：味，對襯上句，指具體而微新微域，是宇宙濃縮版，是覺時不多，迷時不少，萬古長青的傳奇，惟有廣容的本領。無味，參考第三十五章淡分其無味。

  指新微域有了元神觀照穿叉而具體呈現。
- 大小多少：大小。通第三十四章可名為大，可名於小。多少。參考第二十二章少則得，多則惑。
- 報怨以德：怨，煩惱之妄念。德，新微域世界。參考第五十章故德交歸焉。
- 圖難、多易、多難：難，妄念。易，無妄念。以上參考第二章故有無相生，難易相成。第三十七章化而欲作。

  亦無邊煩惱，無盡習氣，所謂壞習慣毛病之類。
- 圖大於其細：圖大，無邊境界。參考第四十五章論大。細，為學門外指專注，入門指內觀者。參考第三十二章樸，雖小。
- 天下難事：人世最難斷猜疑妄念。
- 天下大事：大事，指煩惱域神、形、氣人人，人氣王。如上揭事無事。如第二十五章故道大、天大、地大、人亦大。
- 是以聖人終不為大：元神觀自在終歸無妄念，亦無知。參考第三十四章以其不自為大，故能成其大。
- 輕諾必寡信：輕諾，指人能下決定之煩惱。參考第二十六章重為輕根。寡信，指元神之反面。如第二十一章其中有信。

  人之輕忽煩惱必神經兮兮。
- 故終無難矣：元神矣。參考第五十七章我無欲而民自樸。

第六十四章

「其安易持，其未兆易謀。其脆易泮，其微易散。為之於未有，治之於未亂。合抱之木，生於毫末。九層之臺，起於累土。千里之行，始於足下。為者敗之，執者失之。是以聖人無為故無敗，無執故無失。民之從事，常於幾成而敗之。慎終如始，則無敗事。是以聖人欲不欲，不貴難得之貨；學不學，復眾人之所過，以輔萬物之自然而不敢為。」

老子云：學人以伏妄代之執著，則有定。以意平代之念慮，則有慧。以全神集中於意代之渙散，則定慧意域有譜。以破意突如其來福氣代之紛亂，則極樂國度乍現曙光。平日尋常一舉一動之末微還我一方樂土不退步，終了玉樹臨風的元神者出場，亦完全仰仗觀自在清清楚楚。

猶如合抱巨木，生於纖纖種子。九層高臺，始於累土慢慢堆砌而成。千里遙遠路途，由足下一步一腳印而來。

好於世情者元神高挑身材音訊全無，費心機者淨土演變成神話。是以不費思量內觀者成天愛順而已，所以煩惱域不壞。元神之親迎觀自在，塵念去之而後快，可以任運自在，所以極樂淨土失而復得。

一般學人莫能體會隨順事情，重在提綱契領，假使立意

良善，行行且功業難以釋懷，那福身終究百思不得其解。大大不同於真人，反學隨順之徑，自始至終緊咬著意不放，立於不敗之地。

是以真人古意有量身打造非凡人，是發現於淘淨凡念處，當然不注重外在名譽利養；日日有內觀者學學順勢拆解人生狐疑，得以恢復能容元神新意域，是以協助一切眾生倒駕意域淨土世界之元神恆順，那是觀自在。

之註：
- 其安易持：其，參考第四章論其字。安，伏妄。參考第十五章孰能安以動之徐生。易，此易字對照其之所指學人，以代替解之。持，執著。
- 其未兆：喜怒哀樂未發，意平矣。同第二十章我獨泊兮其未兆。
- 謀：妄想意圖，念慮不歇。
- 其脆：鬆緩，喻下手於意處，定慧等學。
- 泮：粹裂，思慮渙散。
- 其微：意所釋放神形福氣。通第三十六章是謂微明。
- 為之於未有：未有，無妄處。
  是謂煩惱域一方樂土。參考第三十八章上義為之而有以為。
- 治之於未亂：治之，元神。參考第五十九章治人事天莫若嗇。未亂，觀自在。參考第三章為無為，則無不治。
- 為者敗之，執者失之：如第二十九章為者敗之，執者失之。
- 聖人無為故無敗，無執故無失：聖人無為，內觀者惟順而已。參考第五十七章我無為而民自化。無執故無失，此乃須接上句聖人所以無執故無失：執乃煩惱，則元神拋開煩惱包袱迎回觀自在，所以微域世界重現。
- 民之從事：參考第二十三章故從事於道者。

- 慎終如始：慎終，乃始所以反面之至，指開始學習隨順世事萬物。始，如第五十二章天下有始。
- 難得之貨：名聞利養。同第十二章難得之貨，令人行妨。
- 學不學：乃觀自在之徑。
- 復眾人之所過：眾人之所過，意耳。參考第八章處眾人之所惡。
  是謂恢復能容元神新意域。
- 萬物之自然：意域淨土世界之元神。參考第四十章天下萬物。參考第二十五章道法自然。
- 不敢為：觀自在。如第三章使夫智者不敢為也。

第六十五章

「古之善為道者，非以明民，將以愚之。民之難治，以其智多，故以智治國，國之賊！不以智治國，國之福。知此兩者，亦稽式；常知稽式，是謂玄德。玄德深矣遠矣！與物反矣，然後乃至大順。」

老子云：古時後，真人易於觀自元神者出生，不以聰明為之，而將以不違如愚。不凡真身之難產，以其鬼計多端，所以不上道。

煩惱之縱容小聰明為道，意亂不止，天上國域遠在天邊！不以自作聰明為道，意順，元神天上國域在眼前。知此兩者利與弊，行則庶幾不差矣。亦即考核煩惱之方式；日常行、住、作、臥舉手瞬目芝麻綠豆小事，無不拾掇考核其於意產生方式，俟脫俗自己出現於考核中，是謂澈底領悟考核內觀者是存在於意。

歷經多少晨昏層層考核，意終於陳列出冷眼相看觀自在，可高深莫測、亦成功演化出新意域，可老早以來既存矣！此兩者是與妄念相反而能順能容的元神呼之欲出。這樣有觀自在恆順客塵萬事萬眾的元神挺身而出，乃能演示上天無國界。

之註：

- 古之善為道者：通第十五章古之善為道者。
- 明民：學習求𡥼多知識，聰明矣。參考第三章論民。
- 將以愚之：妄念不興，亦大智不言違。
- 民之難治：言清淨真身之難現，亦元神之難產。參考第三章論民。
- 智多：妄念一籮筐，是鬼計多端。參考第三十三章知人者智。
- 故以智治國：故以智，承上句，是用意。治國，為道如治國，皆施亂於有序，一外一內。通第六十一章治大國，若烹小鮮。
- 國之賊：意亂不止。
- 國之福：元神上天國域。參考第五十八章禍兮福之所倚，福兮禍之所伏。
- 亦稽式：考核意動態方式，亦領悟萬法基本面。參考第二十二章是以聖人抱一為天下式。
- 常知稽式：常知，大澈大悟。通第十六章知常容。
- 玄德：參考第五十一章是謂玄德。
- 深矣遠矣：深矣，觀自在。參考第十五章深不可識。遠矣，新意域。通第四十七章其出彌遠。
- 與物反矣：物是妄念。參考第二十一章道之為物。反則元神矣。通第二十五章遠曰反。
- 然後乃至大順：然，指觀自在隨順不已。參考第六十四章以輔萬物之自然而不敢為。後，元神。參考第十四章隨之不見其後。大順，上天國域。參考第六十三章故能成其大。

第六十六章

「江海所以能為百谷王者，以其善下之，故能為百谷王。是以欲上民必以言下之，欲先民必以身後之。是以聖人處上而民不重，處前而民不害。是以天下樂推而不厭，以其不爭，故天下莫能與之爭。」

老子云：江海之所以能納諸流者，以其能廣容隨順之，所以能成為諸流之王。是以學習別老是不識抬舉之徑，向憶高高舉起神、氣、形子民，必先憶之有容。憶域先來內觀者斷然是元神露出端倪。

是以元神的觀照居於微域表現出來不可數素民，實在輕如大氣壯觀。作觀之中，妄念亦不敢來迫。是以一切眾類樂於源源來親近觀自在作新憶域子民，可來亦難留。如是元神新憶域世界不偕念慮，之前那煩惱而來愛慕怨恨惱怒煩……等，亦莫能奪走現今另開眼界的元神。

之註：
- 善下之：容順。參考第六十一章故或下以取，或下而取。
- 民：參考第三章論民。
- 欲上民：憶有神、氣、形子民。參考第三十八章上德不德。
- 言下之：乃憶之有容，憶域。同第八章言善信。
- 欲先民必以身後之：欲先民，此指內觀者。參考第四章象帝之先。身後之，元神。參考第六十六章然後乃至大順。
- 民不重：神、氣、形子民輕如大氣般。參考第二十六章是以聖人終日行不離輜重。

- 天下：如第十三章論天下。
- 樂推而不厭：樂推，指觀自在之能順。不厭，指新憶域之能容。
- 以其不爭：元神新憶域世界。如第八章水善利萬物而不爭。

第六十七章

「天下皆謂我道大似不肖。夫唯大故不肖，若肖久矣，其細也夫。我有三寶，持而保之，一曰慈、二曰儉、三曰不敢為天下先。慈故能勇，儉故能廣，不敢為天下先，故能成器長。今舍慈且勇，舍儉且廣，舍後且先，死矣！夫慈以戰則勝，以守則固，天將救之，以慈衛之。」

老子云：人人皆稱學習我意之元神本來無一物，恰似空空洞洞無所得。夫唯空洞意，方可容神化炁出現獵獵無所有微域。若能長時隨緣內觀不間斷，元神勢將觀自具體而微、微乎其微，又高又大也乎。

我身上有三寶物，保持不令失。一曰：普遍親近諸有眾生，莫分族群類別，愛護能接納之、二曰：不敢有身見、三曰：不敢先立妄知見。慈則煩惱能義借諸有眾生感同身受，這個個法身毋不是神炁自己，乃不時精進不已。儉是煩惱破身見能有無妄內觀者，乃隨順大地一切色類而去。當來從不立妄知見觀自在則餘念斷盡，是以煩惱能揭開淨土世界之幕後推手元神，那一付雄起起氣昂昂不為人知面容。

於今學道之人，莫知親近諸有眾生，離群盲修也乎。內觀者失落，身見不斷，盡知涉獵多聞。是以不了回首元神而

妄知甘之如飴。可惜回天乏術，墮落也！

　　夫惟靠之諸有，俾能突圍俱生意地妄念。平日任何活動場所不離觀自在，則新意域念茲在茲。是以淨土世界將從意其中險境營救元神出來，以之微乎高大，猶時時倚眾靠眾熱烈支持保護。

之註：
- 我道大：我元神本來無一物，亦空空洞洞。同第二十五章故道大，天大，地大，人亦大。
- 夫唯大故不肖：唯大，乃承上我道大，亦空洞。故，意。如第二章論故字。肖，小，亦不可得。
  夫唯挖空妄念而了知意不小，乃能有容。
- 若肖久矣：若肖，接上述不肖，指內觀。久，如第五十九章可以長久。
- 其細乎：其，元神者。細，觀自在。如第六十三章天下大事，必作於細。
- 我有三寶：參考第十四章此三者不可致詰，故混而為一。如第六十二章善人之寶。
- 慈：普遍親近諸有眾生，亦隨順之。如第十九章民復孝慈。
- 儉：少之又少，實質內觀者。
- 不敢為天下先：一、門外，乃不先立知見。二、門內，是觀自在，如第六十四章以輔萬物之自然而不敢為。
- 器長：淨土世界元神。如第二十八章論器。暨第二十八章則為官長。
- 死：墮落。
- 夫慈以戰則勝：勝，通第六十一章牝常以靜勝牡。
- 固：通第五十五章骨弱筋柔而握固。
- 天將救之：天，淨土世界。如第十六章全乃天。
- 衛：保護之。

第六十八章

「善為士者不武,善戰者不怒,善勝敵者不與,善用人者為之下,是謂不爭之德,是謂用人之力,是謂配天,古之極也。」

老子云:夫真勇士者,不主動挑釁。主帥者,不易被激怒。善謀者,不參戰而策無不克。精於使人者,以寬容待下若上。以上行為者,可說是有默契煩惱域妙容特質。可以說人人根前微域涵容天地眾生之有為。可以說相應萬古長存新微域之大容。可以說是本來元神新微域世界隨緣妙用海容之至。

之註:
- 為之下:寬容。如第六十一章故或下以取,或下而取。
- 不爭之德:煩惱域特質能容。如第六十六章以其不爭。
- 用人之力:人人根前微域,借用眾生之有為造作。
- 是謂配天:配天,新微域。如第六十七章天將救之。
- 古之極:人人元神新微域世界。如第十四章能知古始,是謂道紀。第五十八章孰知其極,其無正。

第六十九章

「用兵有言曰：吾不敢為主，而為客；吾不敢進寸而退尺，是謂行無行，攘無臂，執無兵，扔無敵。禍莫大於輕敵，輕敵幾喪吾寶；故抗兵相加，哀者勝矣！」

老子云：善用兵有法則謂之：吾不敢有妄為主導形勢，而用之借勢而為；吾不敢有意冒然進據掠地，而以退為進伺機而動，是謂有為如無為，使力似無力，意識自己有兵若無卒，則攻無不勝。

煩惱之不復，莫大於輕蔑自大，先立知見錯估形勢，幾乎喪失吾本具隨順優勢，是以學習終究一敗塗地；所以兩軍交戰採低姿態順水推舟而為者勝！此亦真人面對煩惱之大軍壓境，當緘默一貫恆順態度者，得以征服妄念回觀自在，此時此刻有高見的元神者其樂無窮！

之註：
- 吾寶：如第六十七章我有三寶，持而保之。第六十二章善人之寶。

  乃人人煩惱本來隨順優勢，觀自在無為性德。
- 禍：如第五十八章禍兮福之所倚。
- 故抗兵相加：故，煩惱所。抗兵，內觀之反向妄念。參考第五十八章以奇用兵。
- 哀者勝矣：哀，乃觀自在無為隨順是低姿態。者，指元神者。勝，如第六十七章夫慈以戰則勝。

第七十章

「吾言甚易知，甚易行。天下莫能知，莫能行。言有宗，事有君。夫唯無知，是以不我知。知我者希，則我者貴；是以聖人被褐懷玉」。

老子云：吾道內學之徑，是我美妙真身超越念無而來新知，簡單明白，行不離思抑且不難。天下知識豈然知哉，世之有為萬行亦不能也。

清淨新知來自於妄知改頭換面，亦即日常生活林林總總有內觀者。夫唯觀照蒞臨完全無知，是以新思域展示出來一切驟生驟滅人、事、物，無不是我元神所遍知。真正透澈了悟我元神者觀自在是也，則我乃元神者恆順眾生而去，新微域世界不得不來，宇宙人生昭然若揭，享自由自在。

是以元神者，乃帶著新煩惱而有觀自在長相左右。

之註：
- 吾言甚易知：吾言，我美妙真身。如第八章言善信。甚，通第五十三章大道甚夷。易，念空。通第六十三章圖難於其易。乃我美妙真身超越念無而來新知，總而言之，清淨新知。
- 有宗：通第四章淵兮似萬物之宗。
- 君：內觀者。通第二十六章躁則失君。
- 無知：如第十章明白四達，能無知乎。
- 是以不我知：是以，承接上句而言，指共榮的新思域。我，則是元神大我。

- 知我者希：知我者，完全了悟我元神者。希，觀自在。通第四十三章天下希及之。
- 則：連接詞，就，同。通第二十二章曲則全，枉則直。
- 聖人披褐懷玉：披褐，披粗布衣服，喻新煩惱、新思域。參考第三十四章衣養萬物而不為主。玉，明珠，喻觀自在。通第三十九章不欲琭琭如玉。

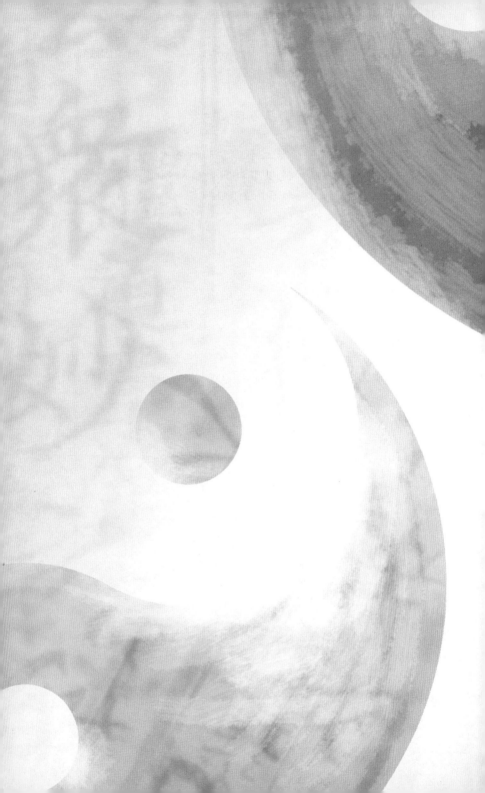

卷八：知不知上—信言不美

第七十一章

「知不知，上；不知知，病。夫唯病病，是以不病；聖人不病，以其病病，是以不病。」

老子云：了却時光大知，總在無知之中不期而遇，是謂關注煩惱真相不二法門；內觀本來無妄念而立知，煩惱域負氣一走了之。夫唯明白立知新微域當下遠離，天地之障接棒，是以不可思議；觀自在無知，以元神新煩惱迎新送舊一切不可駐足世事萬物，是以反而造就了風采綽約的元神無所不曉。

之註：

- 知不知：知，老子擺本章之首，特別予於放大，乃開悟宇宙人生大知，是了却時光實相。通第七十章吾言甚易知，甚易行。參考第十六章論知。
- 上：煩惱如天在人人頂上，反求煩惱之徑。通第六十六章是以聖人處上而民不重。
- 不知知：不知，內觀。參考第七十章夫唯無知，是以不我知。
- 病：一、所知障，煩惱，新煩惱。二、凡俗身，天地障，世事萬物。

第七十二章

「民不畏威，則大威至。無狹其所居，無厭其所生。夫唯不厭，是以不厭，是以聖人自知不自見，自愛不自貴，故去彼取此。」

老子云：人人煩惱之妄念不禁忌一切諸眾類，任由誰俱吞之吐神氣，吞吐不曾以一瞬，是以成形浩大，形形攜知，則元神大人歡迎光臨。

本來念乏之煩惱所在是其落腳處，內觀其煩惱域之所能知。夫唯新微域實在無妄想，時常吞之又吐，吐之又吞，如吞雲吐霧般不斷，是以這最佳拍檔一吐為快觀自在知之無涯。是以元神觀自在恆順眾生成不二知而不存妄取見。元神愛本來無一物完好身，不以血淚交織凡兒身為高貴。是以新微域世界捨小兒妄知俗見，而取元神大人真知灼見。

之註：
- 民：如第三章論民之意。
- 不畏：不禁忌，亦少妄矣。通第五十三章唯施是畏。
- 大威至：元神者。參考第六十五章然後乃至大順。
- 無狹其所居：無狹，是念乏處所，本來無一物。其所，煩惱所在。通第六十四章復眾人之所過。
- 無厭其所生：無厭，不妄內觀。其所生，通上句無狹其所居。
- 不厭有二：一者新微域，一者觀自在。如第六十六章是以天下樂推而不厭。
- 聖人自知不自見：聖人，指元神。自知，指觀自在。自字，請

參考第二十二章論自。見字，如第四十七章論見。

- 故去彼取此：彼，凡夫妄知妄見。此，元神真知灼見。如第
三十八章故去彼取此。

第七十三章

「勇於敢則殺，勇於不敢則活。此兩者或利或
害。天之所惡，孰知其故？是以聖人猶難之。天之道
不爭而善勝，不言而善應，不召而自來，繟然而善
謀，天網恢恢，疏而不失。」

老子云：人之內學嘗試創新，則求變眾生活蹦亂跳不
已。妄知欲走還留，則煩惱固步自封難了。此兩者或益或
損，人人自在煩惱域所厭惡妄念乎，誰曉得竟是自己的思想
認知？是以真人猶時而着眼點於內觀轉正甚深的成見不敢懈
怠。

反學奇思妙想之徑，忘了知之所在，孕育出罕見先知先
覺者，著實驚豔創新不已。是默不吭聲內觀者所化之。亦即
思想域不請而修舊如新眾生自己來。是安然無思元神新思想
域而觀照剎那生滅真實境。的確思想甩掉舊包袱恢復元神觀
自在無邊域，亦得身為元神恆順生機勃勃萬物鉅細靡遺的奇
妙新世界。

之註：
· 勇：內學不已，精進。參考第六十七章慈故能勇。
· 敢：突破妄念。
· 則殺：剎那眾生，則煩惱創新之舉。
· 則活：人之煩惱難了。
· 此兩者或利或害：或利，指前一句勇於敢則殺，益也。如第八

章論利字。或害,指後一句勇於不敢則活,損也。

- 天之所惡:天之所,人人自在煩惱域。通第五十九章治人事天莫若嗇。惡,妄念。參考第八章處眾人所惡。
- 是以聖人猶難之:難,參考第六十三章是以聖人猶難之,故無難矣。
- 天之道:通第九章功成身退,天之道。
- 不爭而善勝:不爭,無妄所在。如第八章論不爭之義。善勝,如第六十七章夫慈以戰則勝。
  重大突破思維空想,有難得一見人形真相,是先知先覺者。
- 不言而善應:內觀者。參考第五十六章知者不言。
- 不召而自來:自來,參考第三十二章萬物將自賓。
  惟能容思想域可臻。
- 繟然而善謀:繟然,安然無思元神新思想域。參考第六十五章然後乃至大順。善謀,剎那觀照。反於第六十四章其未兆易謀。
- 天網恢恢:天網,有別於如天自在煩惱域,是亂糟糟思想。
  恢恢:一曰恢復元神觀自在,次曰恢復本來廣大微域。
- 疏而不失:疏,乃思想開通無阻礙之元神,嶄露萬丈峰芒。不失,如第六十四章無執故無失。異於第三十三章不失其所者久。
  指元神奇妙新世界。

第七十四章

「民不畏死，奈何以死懼之。若使民常畏死，而為奇者。吾得執而殺之，孰敢！常有司殺者殺。夫代司殺者殺，是謂代大匠斲。夫代大匠斲者，希有不傷其手矣！」

老子云：人之六根首席煩惱，之妄念者朝三暮四，簡直生了又死，死了又生，接連不斷，永無終了。奈何獨衷凡情肉身生死，不亦矛盾乎。若我煩惱形成好樣身於妄念亡時，而內觀成元神者，那妄想雜念者可以就此安息。

吾今得以掌握生死訣竅，亦祇反思所在澈底放風好樣人眾，隨之來去自若，進而殺妄摧毀搞怪的想法看法。敢問天下人？誰有此打破妄念創新之舉！觀如是夢幻新世界元神者，總是頻頻隨機應變頤養天年。

夫掌生死之有司審察罪行，其責該死。則交付執刑劊子手，代司殺之。夫代有司行刑之劊子手，是謂如同代砍柴。夫柴夫者執斧之反力，鮮有不傷其手！

此乃言夫子所得生死自在煩惱門，唯是恆順認命而已，斷無反作用力。

之註：
・若使民常畏死：使民常，參考第三章常使民無知無欲。畏死，

妄念亡時。參考第七十二章民不畏威。

假使我煩惱妄念亡時有清淨身。

- 而為奇者：而為，而乃連接上一句，則為是內觀。參考第二章論為。奇者，元神者。參考第五十八章正復為奇，善復為妖。
- 吾得執而殺之：執，思。參考第六十四章無執故無失。殺之，參考第七十三章勇於敢則殺。

乃言得思而有剎那不住清淨眾生，是元神者恆順要義，掌握生死之訣竅。

- 執敢：破煩惱頑障來剎那眾生，創新之舉。通前一章勇於敢則殺。
- 常有司：常，如第十六章復命曰常。司，思地，人人六根指揮發號處所。

即是觀照者有新思域。

- 殺者殺：殺者，元神者。殺，剎那不可得，對照上句得執而殺之。
- 夫代司殺者殺：司，此指掌管審察罪行機關。殺者，劊子手。殺，行刑。
- 大匠斲：砍柴夫。

第七十五章

「民之飢，以其上食稅之多，是以飢。民之難治，以其上之有為，是以難治。民之輕死，以其求生之厚，是以輕死。夫唯無以生為者，是賢於貴生。」

老子云：人人對於真身之無知，以其煩惱之尚聞尚利，是以匱乏。觀自在之難顯，以其煩惱顧此外求事，是以元神難於大展身手。

凡夫眾生之瞧不起死，以其自我認知臭皮囊身之好，是以怕死。夫唯得不可思議觀自在遍照一切成無所不知元神者，才可聲稱，勝於凡身之有知有受為可貴。

之註：
- 民：本章有關於民之解釋，參考第三章論民。
- 上：煩惱。通第七十一章知不知，上。
- 食稅之多：尚聞尚利。
- 饑：匱乏無知。
- 民之難治：參考第六十五章民之難治。
- 輕死：瞧不起死，怕死。
- 以其求生之厚：凡夫思想認知習氣。參考第五十章以其生生之厚。
- 無以生為者：無以生，如第三十九章萬物無以生將恐滅。故以不可思議觀自在隨順而成元神者。
- 賢：勝矣。

第七十六章

「人之生也柔弱，其死也堅強。萬物草木之生也柔脆，其死也枯槁。故堅強者死之徒，柔弱者生之徒。是以兵強則不勝，木強則兵，強大處下，柔弱處上。」

老子云：人之初生，身柔似水。其死，全身僵硬無比。萬物草木之生柔嫩也，及其死也灰乾挺直。

那煩惱之妄念，背負滿腦子知識而以此自豪者，的確硬梆梆難解，是元神闔眼之由來。煩惱能謙讓而隨順之人者，是元神為之醒眼契機。

是以驕兵則必敗，樹根壯大則伐之為刃。煩惱剛愎自滿為世俗凡人，知虛唯順觀自在為元神永無止境妙土。

之註：
- 枯槁：灰乾挺直。
- 故堅強者死之徒：故，煩惱。堅強者，是妄念坐大之人者。死之徒，元神。如第五十章死之徒，十有三。
  此談煩惱知見頑強者，元神打入冷宮，不得超生，亦凡夫眾生特性。
- 柔弱者生之徒：柔，煩惱域之能容。弱，內觀之能順。以上參考第三十六章柔勝剛，弱勝強。生之徒，如第五十章出生入死，生之徒，十有三。
- 兵強則不勝：兵強，參考第六十九章故抗兵相加。
- 強大處下，柔弱處上：參考第三十八章談上下之區別。

第七十七章

「天之道，其猶張弓與！高者抑之，下者舉之，有餘者損之，不足者補之。天之道，損有餘而補不足。人之道則不然，損不足以奉有餘。孰能有餘以奉天下？唯有道者。是以聖人為而不恃，功成而不處，其不欲見賢。」

老子云：反學全新思維元神，非同小可。猶如弩者拉弓！舉高輕輕往下瞄之，下之更舉。用力過矣，鵠的即失，不足則充之。迴向思維！不亦忌犯過與不及。亦即知見思量者修正歸零，而使空無思處元神者重振昔日雄風。

世人凡眾則非如此，輕忽內學無知，重視求知慾望，徒添想像空間罷了。

誰能思維之間有知己眾生游走，憑以供養元神？唯有內觀者坐鎮。是以元神有內觀者緊緊跟上，一切不疾不徐知己的腳步，亦未留置一知。再者元神新思維域復出，若一副觀自在爛漫無知。終極圓成先天元神完全妄知轉，唯照見眾生是其全知全能。

之註：
- 損：損，少之又少。通第四十二章故物或損之而益。
- 有餘有三：一、多餘妄念。二、求知慾望。三、妄念轉知己眾生。

- 補不足：空無思處，有元神形氣雄風補位。
- 唯有道者：有道者，有內觀者。通第二十四章物或惡之，故有道者不處。
- 聖人為而不恃：聖人，此指元神。為而不恃。參考第十章生而不有，為而不恃。
- 功成而不處：通第二章功成而弗居。
- 其不欲見賢：其不欲，參考三十九章不欲琭琭如玉。見，參考第四十七章不窺牖，見天道。賢，喻世事萬物普遍平等，亦元神全知全能。參考第三章不尚賢，使民不爭。

第七十八章

「天下莫柔弱於水，而攻堅強者莫之能勝，其無以易之。弱之勝強，柔之勝剛，天下莫不知、莫能行。是以聖人云：受國之垢，是謂社稷主；受國不祥，是為天下王。正言若反。」

老子云：天下事，沒有比謙虛懷容更似水樣隨順耳，而以之攻下滿腹見解妄念者，莫能可比，亦無可取代。乃煩惱用容當下之尊勝，遠於忒多見識纏繞不去。乃觀自在恆應完整無礙相，勝於片片斷斷有障俗境。天下學習之人皆知、唯鮮少及之也。

是以真人云：有煩惱而妄念招惹來人人之六神，才有今之世事萬物，是謂創世主元神；有搞頭煩惱，可憐我先天微域原來收納宇宙瞬際大爆炸，從而元神化為時空天地零零碎碎不完整相。

新微域世界若元神東山再起，是謂救世主，乃以之觀自在隨順照大千屏現圓滿實相。

之註：
- 天下莫柔弱於水：柔弱，參考第七十六章柔弱處上。水，喻隨順。如第八章上善若水。
- 堅強者：指妄念者。參考第七十六章故堅強者死之徒。
- 弱之勝強：弱之，煩惱之有容。參考第三十六章將欲弱之。

- 柔之勝剛：柔之，觀自在隨順之行。參考第三十六章弱勝強，柔勝剛。
- 天下莫不知、莫能行：參考第七十章天下莫能知、莫能行。
- 受國之垢：受國，乃微域退化之煩惱。參考第五十七章以正治國。垢，妄念發展出來人之六根，暨世事萬物。參考第四十章天下萬物生於有。

  茲微域因妄念復辟而退化煩惱，產生色身六根，暨世事萬物。
- 受國不祥：指有貪圖煩惱之微域不復存在。如第三十一章夫佳兵者，不祥之器。第五十四章益生曰祥。
- 天下王：天下為世事萬物。王，是元神者。如第三十二章侯王若能守之。

  是謂元神者避世於煩惱，人人六根各自表態，而來天地成障，堪稱是對向的支離破碎相矣。總而言之：一切世事萬物無不是我元神傑作，只緣凡夫身在此境中，不識元神真面目。
- 正言若反：正言，新微域世界。參考第五十七章以正治國。如第八章言善信。反，元神。參考第六十五章玄德深矣遠矣！與物反矣。

第七十九章

「和大怨，必有餘怨，安可以為善；是以聖人執左契而不責於人。有德司契，無德司徹，天道無親，常與善人。」

老子云：人之憤世嫉俗，凡事必忿忿不平，餘念猖狂不斷，為道徑所忌。

是以真人心思轉世事諸眾成為淨念不退，當然妄念退避，寡怨於人。有內觀駐守之思域，乃能一拍即合眾生，無容凡俗胡思妄測非議不止矣。

人人思域淨土世界元神無半點私念，亦念念不分親疏遠近眾生，一遍身皆不愧是我觀自在堂堂相貌。

之註：

- 和大怨：和，參考第五十五章知和曰常。大怨，積重之恨。如第六十三章報怨以德。

　是謂心思惟獨積重之恨，亦憤世嫉俗。
- 執左契：執，通第七十四章吾得執而殺之。左契，如第三十一章吉事尚左，兇事尚右。

　故心思轉無染諸眾不退，大吉。
- 有德：參考第三十八章上德不德，是以有德。
- 司契與司徹：司，思。如第七十四章常有司殺者殺。

　所謂心思處完全契合眾生，思域。與反之徹底全無！乃司空見慣，惟思慮意圖矣。
- 天道：人人思域淨土世界元神。同第四十七章不窺牖，見天

道。

・無親：妄念斷矣。參考第五十六章故不可得而親。

・常與善人：常是觀自在。如第十六章復命曰常。善人，眾生。如第六十二章善人之寶。

指眾生俱皆元神觀自在清淨實相，是思域淨土世界的特殊景色。

第八十章

「**小國寡民，使有什伯之器而不用，使民重死而不遠徙，雖有舟輿，無所乘之；雖有甲兵，無所陳之；使人復結繩而用之，甘其食、美其服、安其居、樂其俗，鄰國相望，雞犬之聲相聞，民至老死不相往來。**」

老子云：凡眾未得真身擁護，身軀小意無眾。猶如煩惱有十百倍大容器而不用，如此凡夫，必視死為人生大事，安土不敢隨意遷動。雖有新微域大船能載眾生真形，無法於煩惱所擺渡；雖有如披甲胄士刀劍不傷元神者，不復於煩惱所展現觀自在親和力。

這煩惱比比皆是凡人眾生，猶如妄念之無解，過慣於眼前生活。日日大啖其食、着華服、一如往昔起居、樂其風土人情，望其左鄰右舍，時而傳來雞禽鴨狗之吠囂聲。這一切本來元神美的化身嘛！終其一生不曾打交道。

之註：
- 小國寡民：小國，觀照或一般眾生。如第六十一章小國。
- 使有什伯之器：使，如第五十五章使我介然有知。什伯之器，大於身十百倍之容器，微域。如第二十八章論器。
- 使民重死而不遠徙：使民，一般凡夫眾生。如第七十四章若使民常畏死。
- 舟輿：具體而微新微域。乃承上文使有什伯之器而不用。

- 無所：所，指煩惱所。參考第七十二章無厭其所生。
- 甲兵：元神者。參考第五十七章以正治國，以奇用兵。
- 復結繩：煩惱又打結而執意於眼前生活。參考第十四章繩繩不可名。
- 民至老死：民，如前揭小國寡民。

第八十一章

「信言不美，美言不信；善者不辯，辯者不善；知者不博，博者不知；聖人不積，既以為人己愈有，既以與人己愈多。天之道，利而不害；聖人之道，為而不爭。」

老子云：元神宏偉萬千化身好景的確常矣，世之諸般憂喜苦樂現象不正常；諸有清淨化身者吞聲，動嘴皮子者還俗；觀照者無知，有學問者想也是白想，世間為學知識罷了。

元神本來無一物，親自見證我為人人，人人為我，真正自己層出不窮。既然照見人人是我，我是人人，必也隨順化身連連而不可言。

人人內明煩惱之門，在於效法天地沒知沒語，萬物周而復始，四時運轉不怠。是以學習隨順世事萬物，得了微妙身還自始自終不妨礙世間相；踏上元神破時光隧道之旅，終亦放任觀自在開花結果，永享新微域世界自由自在。

之註：
- 信言不美：信，元神不可算計化身，生命真諦。如第八章言善信。不美，無妄念，常矣。
- 美言：有妄之憂喜苦樂現象。如第六十二章美言可以市尊。
- 善者：清淨化身者。通第四十九章善者吾善之。

- 辯者：言語者還俗耳，對應上句善者不辯。有別於第四十五章大辯若訥。
- 知者不博：知者，參考第五十六章知者不言。不博，無知也。
- 博者：博學多聞，有學問者。
- 聖人不積：元神本來無一物。
- 既以為人己愈有：己，真正自己，真身。
- 天之道：內明煩惱之門。通第七十七章天之道，其猶張弓與！
- 利而不害：如第七十三章此兩者或利或害。第三十五章往而不害。
- 聖人之道：元神之由徑，亦壞時空之旅。如第三章聖人之治。
- 為而不爭：為，此指觀自在。如第二章講為字。不爭，新微域世界。如第六十六章以其不爭。

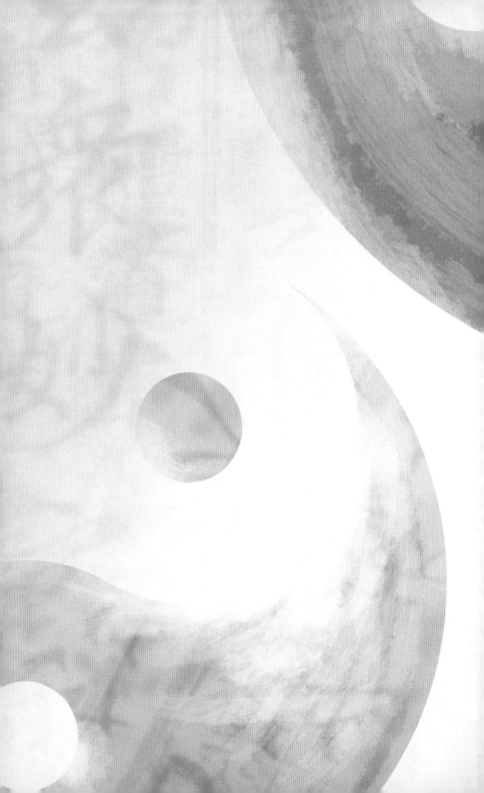

莊子逍遙遊篇

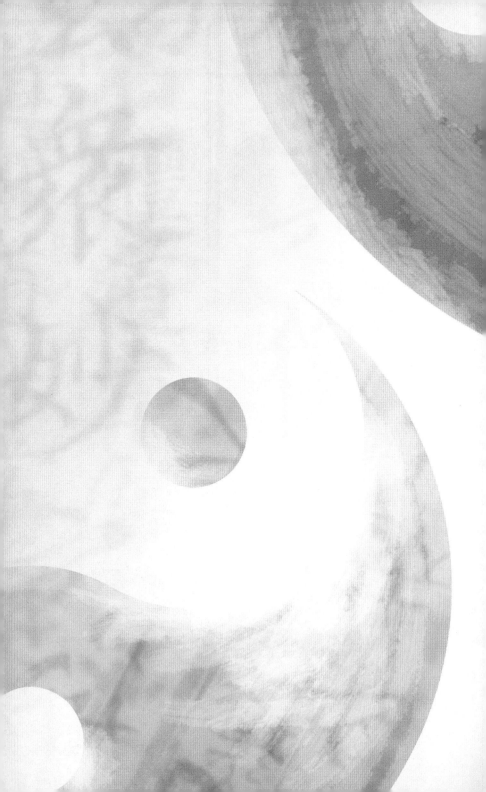

北冥有魚

　　北冥有魚，其名為鯤。鯤之大，不知其幾千里也。化而為鳥，其名為鵬。鵬之背，不知其幾千里也；怒而飛，其翼若垂天之雲。是鳥也，海運則將徙於南冥。南冥者，天池也。

　　莊子云：世間之一切色類眾與生俱來生命元神，可謂人人不缺煩惱來源。因祂祇為了一時鬼迷心竅，蠢蠢欲動，從而龜縮於微不足道慾望深淵，名稱之妄念。這妄念一經開發出來，不知其有多大也。

　　煩惱之欲念蛻變為清淨眾生，這一時元神稱之為內觀者。能觀之背乃虛無態勢，不知是之元神有多大也；所觀清眾各各穿梭時空，元神能所不二內觀，毋庸置疑是煩惱轉換之碩大無比妙域。

　　是耀眼觀照者來了，以腦海裏裸露出來具體而微新妙域，一同載運諸如此類眾生來去無礙，可謂厚德載物。妄想雜念自然不生，乃至於無知。必也定是終結南北時空而出世間，則將重返美好的新微域世界元神。

　　這唯獨每日不忘時習之真人，過著半是新世界悠哉悠哉歲月，半是有煩惱俗世間生活。方才徹知潛居於煩惱的元神，的是一切世出世間法起源。

之註：

- 北冥有魚：北，喻有時空凡塵世間。冥，元神。如道德經第二十一章窈兮冥兮。有魚，喻有煩惱凡夫眾生。參考道德經第三十六章魚不可脫於淵。
- 其名：參考道德經第三章其字。第一章論名。
- 鯤：剛孵化出來的魚子，體呈透明狀，極為細小，僅見眼球一點黑。喻未整頓妄念微不足道，滑溜難以捉摸。
- 鳥：喻清淨眾生。
- 鵬之背：鵬，喻內觀者。背，指元神。
- 怒而飛：內觀與眾生瞬間相碰面，頓時化為超大清淨實相，各各超越時空。
- 其翼若垂天之雲：翼，鵬之兩翅振動而飛，指內觀剎那真身現相。垂天之雲，言煩惱棄暗投明之煩惱域。如道德經第十六章全乃天。
- 是鳥：指鵬，由清淨眾生長時穿梭煩惱域來去不已，而揭發出來並立著有觀照者元神。亦內觀實際成熟了，是不可思議焉，無知焉。
- 海運：喻由鯤之煩惱，證得其翼若垂天之雲妙域，再升級海運之具體而微新妙域。
- 南冥：指能終結南北時空的出世間，非經由煩惱切換之新微域世界莫屬，亦是元神生活環境。
- 南冥者：此者，乃是有能力時習之煩惱域真人，過著半是新世界，半是有煩惱凡世間生活，亦煩惱未轉盡。
- 天池：天，煩惱的脫胎換骨，如天無垠。如道德經第九章功成身退，天之道。池，喻元神是能生源頭。

　　齊諧者，志怪者也。諧之言曰：鵬之徙於南冥也，水擊三千里，摶扶搖而上者九萬里，去以六月息者也。野馬也，塵埃也，生物之以息相吹也。天之蒼

蒼，其正色邪？其遠而無所至極邪？其視下也，亦若
是則已矣。

　　莊子云：齊諧者，有內觀者常相隨真人。諧之言曰：觀
照者，是經由新妙域重新回到元神身上乃張開眼，這時候凡
間各各眾生一躍而上，皆是成就其之如擊水漫天瀰不遍覆清
淨真身，的確是另一備受看好的新境界。

　　平時生活一點點一滴滴細行，而俱皆宛轉登上如大圓鏡
的新妙域，頓時充作元神真身相，實在長的高大甚深，真正
是點滴轉型觀照者既即既離宏偉相。猶野馬奔騰不住，如塵
埃算數無盡。如是精彩萬分新妙域元神好風光，以觀照滅之
即生，生之即滅，自是緊捱著不緩不急也。

　　天底下繁興不已萬物，是我元神爭先恐後微妙相邪？是
我元神古今不變新妙域乃容所在邪？元神觀照恆順當下也，
一幕幕浮光掠影優美景緻，亦莫不是兼有上述兩項特異功能
的示現，則是至高無上新微域世界。

之註：
- 齊諧志怪者：釋文，司馬及崔並云人姓名。俞樾曰：按下文
諧之言曰，則當作人名為允。若是書名，不得但稱諧。（取自
唐朝成玄英莊子疏，以下簡稱成疏）。志怪者：志，清淨念。
如道德經第三章弱其志。怪，奇異，喻清淨念之異於煩惱妄
念，專指內觀者，緣其同一回事嘛。如道德經第一章論玄。
乃齊諧有內觀者真人，通上揭南冥者。
- 鵬之徙於南冥也：參考前揭海運則將徙於南冥。

- 水擊三千里：如濺起水花般灟不遍覆清淨真身相，不受空間的阻擋，喻新妙域現象。
- 搏扶搖而上者：搏，日常生活人人之六根聞觸。參考道德經第十四章搏之不得名。扶搖，宛轉。上，新妙域。參考道德經第七十一章知不知，上。
- 九萬里：莊子以算數的上限九字，喻元神精深難測，是以大地了無寸土，指空間之不存。如道德經第三十五章執大象，下下往。
- 去以六月息者：去，亦即亦離，瞬息萬變之意。以六月，年之半，乃時間概念。息者也，觀照者。參考前揭怒而飛。
  指作觀之時，瞬生瞬滅，時間概念亦沒了。
- 野馬：喻奔騰生滅之速。
- 塵埃：喻世事萬物無有窮盡。如道德經第五十六章同其塵。
- 生物之：物，如道德經第二十五章有物混成。
  乃新妙域元神的生態。
- 以息相吹：息，觀照。乃上揭去以六月息者也。
  以觀照相生無盡。
- 天之蒼蒼：蒼蒼，遼闊無邊大地，生機盎然。
- 正色：真實微妙相。如道德經第四十五章清靜為天下正。
- 其遠而無所至極邪：遠，亙古不變新妙域。如道德經第四十七章其出彌遠。無所，無妄煩惱所。如道德經第八十章雖有舟輿，無所乘之。至極邪，妄盡還源元神之意。如道德經第五十八章孰知其極。
  此談元神亙古不變新妙域又再度浮現，是以前煩惱堆積如山的餿念所在，如今妄盡還源而來，乃可以有容也。
- 其視下也：元神觀照隨順之際。參考道德經第六十一章牝常以靜勝牡，以靜為下。
- 亦若是則已矣：亦若是，接上指元神觀照兼具前兩句功能：一、天之蒼蒼，其正色邪。二、其遠而無所至極邪。已，成矣，指新微域世界。如道德經第九章不如其已。

　　且夫水之積也不厚，則其負大舟也無力。覆杯水於坳堂之上，則芥為之舟；置杯焉則膠，水淺而舟大也。風之積也不厚，則其負大翼也無力。故九萬里，則風斯在下矣，而後乃今培風；背負青天而莫之夭閼者，而後乃今將圖南。

　　莊子云：且這煩惱也難以割捨妄念，有容不澈底，則其承受泱泱微域也無力。如翻覆一杯水於門堂庭前坳陷地，則纖毫塵埃可漂浮為舟；若還用杯為舟焉，則膠著擱淺不可能。為何？水淺舟大，不行焉。煩惱不解隨順真諦，則其內觀載運瞬間宏偉真身相有所不能。

　　是以煩惱肯容眾生，在於無妄念的元神甚深難以揣度，則內觀是在於煩惱能隨順矣。而今而後，首要日日時習之以無妄內觀不改常態，所以元神恆順之行；俟出現新妙域，以觀照載運諸如虛空山河大地真身相而莫之中斷元神。從今往後，準備將那色身拋重返新微域世界。

之註：
- 水之積也不厚：水之積，喻着手於內學煩惱。參考道德經上善若水，水隨順萬物而不爭。暨前文鵬之徙於南冥，水擊三千里。不厚，厚是元神。如道德經第五十章以其生生之厚。

　乃煩惱有妄念障礙，元神真實相不明，有容不澈底。
- 大舟：喻泱泱微域。如道德經第八十章小國寡民⋯雖有舟

輿，無所乘之。
- 杯：小器。
- 坳堂：謂堂庭坳陷之地。
- 芥：纖毫之物。
- 膠：滯黏。
- 負大翼：負，指內觀。大翼，喻剎那真身特大相。參考本篇首文其翼若垂天之雲。
- 風之積也不厚：風，喻隨順。
  此謂煩惱不解隨順真義，而內觀動向不明。
- 故：參考道德經第一章論故。
- 風斯在下：風，此時風，喻有隨順能力之內觀者。下，參考前揭其視下也。
- 培風：煩惱域有了內觀者搭配，可以運用於平時隨順的新日子過活，簡稱無妄內觀元神之行。
- 背負青天：背，參考首文鵬之背，此時背已長出其翼若垂天之雲，乃元神新妙域。負，參考前揭則其負大翼也無力。青天，指虛空、山河、大地真實相。
  是以背負，專指新妙域乃之觀照是天生一對，兩者不可須臾離，方足以載運虛空、山河、大地真實相。亦稱之元神不可思議觀照之行。
- 莫之夭閼者：天閼，中斷。者，元神。
- 圖南：新微域世界。參考前文海運則將徙於南冥。

蜩與學鳩

　　蜩與學鳩笑之曰：「我決起而飛，（槍）〔搶〕榆枋，時則不至而控於地而已矣，奚以之九萬里而南為？」適莽蒼者，三飡而反，腹猶果然；適百里者，宿春糧；適千里者，三月聚糧。之二蟲又何知！

　　莊子云：蜩與學鳩曰：我疾起而飛，棲於榆樹或枋樹或高之時，則受制於地心引力作用，而僅止於兩處來回而已。何以人世間，有真人以之元神精深猶九萬里，而睜開眼內觀並不悖離日常之行，不禁莞爾？

　　莊子援例：往於郊野者，路既非遙，自備三餐以充腹，即可往返；行百里者，路程稍遠，春擣糧食備隔宿之用，亦可來回；走千里途者，路既迢遙，須積聚三月之糧秣，方可往來之食。

　　之蜩與鳩二禽，求一溫飽爾爾，既非人類又何以知其差別！以此喻人非身歷元神其境，何以知其然哉。

之註：
- 蜩：蟬也，生七八月，紫青色，一名蚗蟟。（取自成疏）。
- 學鳩：即鸒鳩，學通鸒，似雀，性兇悍，亦稱山雀。
- （槍）〔搶〕：碰撞、觸碰。
- 榆枋：榆，榆樹。枋，枋樹。
- 控：受地心引力的控制。

- 奚：何也。
- 南為：南，煩惱域。參考前文海運則將徙於南冥。為，參考道德經第二章論為字。
  指元神無妄內觀隨順之行。
- 適：往也。
- 莽蒼：郊野蒼茫廣大的景色。
- 果然：吃飽的樣子。

小知不及大知，小年不及大年。奚以知其然也？朝菌不知晦朔，蟪蛄不知春秋，此小年也。楚之南有冥靈者，以五百歲為春，五百歲為秋；上古有大椿者，以八千歲為春，八千歲為秋。而彭祖乃今以久特聞，眾人匹之，不亦悲乎！

莊子云：一般有煩惱的人囿於求知慾，身如蜩、鳩嬌小，求於世間專業學術技能，不外乎博聞強記罷了，多聞也有涯。可不及於那元神新妙域，是時空為之簡化一片淨土，乃仗勢觀照者無知，隨時一碰世事萬物成為無所不知。各個真知俱皆跳脫天地障而遍滿十方，有境界無止境，學也無涯。

這人間有生、老、病、死，旦夕之危，什麼來著。物有成、住、壞、空，風雲不測現象。暨是庸庸碌碌一生歲月，更如白駒過隙罷了。遑論本來無一物元神者，有迷人身材高大不可測。之放眼觀照所化生新微域世界清淨人眾，來匆匆

去也匆匆，多了不可得，常時享受萬壽無疆之樂。

聞之上揭天差地別光景，實在無法予以揣度，更如何推尋了知？猶如朝菌生於朝而死於暮，故不知明日的朝露。夏蟬生於夏而歿於秋，故不知四季的變化，此小年也。乃比喻凡眾如井底之蛙過著小年的日子，對於井外大知的新世界想像不到。

楚國之南有冬眠習慣靈類者，以春天甦醒過來覓食，快樂的不得了，不禁忘時之遠近矣，短暫數月，彷彿五百年。秋天冬眠漫漫難熬長夜，彷如隔世，亦有如五百年，則時間似乎不重要了；上古有大椿者神木存活於今，春天吐露新芽生機盎然，無處不飛花快活似八千年。北風蕭瑟吹起，一葉知秋光禿禿一片，度日如歲亦如八千年。

而古人彭祖得元神者乃今不殆，以醒目不可思議觀照恆順萬物，永無休止享自在。這有大限日子的普通凡夫（指有明顯苦樂憂喜眾生，縱然是長壽，如上述冥靈、大椿之類者）比之，不也訴悲哀！

本篇節莊子精闢闡述有了觀照元神，還我無知焉、不可思議本質，可以打造優質新微域世界，創造永恆不老的傳奇家園，是外人所無法理解。更不用說親身體驗時空無端端的告退了，那種美妙臨場感。總而言之：如人飲水點滴在心頭。

之註：

- 小知：有煩惱凡眾囿於知，是有限的知識。參考道德經第十六章談知。
- 大知：生活於新妙域的觀照元神。參考道德經第四十五章論大。
- 奚以知其然也：然，有二義：一是世間小年的眾生存在著時光相對問題。一是出世間大知的元神恆順而來新世界，一點問題也無。

  是以何以知其兩者差別也。
- 朝菌者：謂天時滯雨，於冀堆之上熱蒸而生，陰溼則生，見日便死，亦謂之大芝，生於朝而死於暮，故曰朝菌。（取自成疏）。
- 晦朔：早晚、旦夕。
- 蟪蛄：夏蟬。吻長，體短，色黃綠，有黑白條紋，翅膀有黑斑。雄體腹部有鳴器，聲音響亮。生於麥梗，亦謂之麥節，夏生秋死。
- 冥靈大椿：並木名也，以葉生為春，以葉落為秋。冥靈生於楚之南，以二千歲為一年。而言上古者，伏羲時。大椿之木長於上古，以三萬二千歲為一年。冥靈五百歲而花生，大椿八千歲而葉落，並以春秋賒永，故謂之大年也。（以上取自成疏）。

  為吾持有另一翻見解如下：冥靈，按字意拆解！冥乃人人本有元神，則靈是百靈類。是故元神自閉而困身於靈類者，莊子是否有專指則不得而知？依文應是有冬眠物種者。另大椿者，應是指樹齡長久，猶屹立不搖神木之類。
- 以久特聞：久，恆順元神。如道德經第十六章道乃久，沒身不殆。特聞，此有異於人之六根聞觸，是一統諸根而後乃能觀照眾生之意。如道德經第十四章聽之不聞名曰希。第五十章聞善攝生者。

湯之問棘

　　湯之問棘也是已。窮髮之北有冥海者，天池也。有魚焉，其廣數千里，未有知其修者，其名為鯤。有鳥焉，其名為鵬，背若太山，翼若垂天之雲，摶扶搖羊角而上者九萬里，絕雲氣，負青天，然後圖南，且適南冥也。斥鴳笑之曰：「彼且奚適也？我騰躍而上，不過數仞而下，翱翔蓬蒿之間，此亦飛之至也。而彼且奚適也？」此小大之辯也。

　　莊子云：湯之訪賢聖問於棘？亦也垂詢生命真締。

　　棘謂：原來離這世間北方不知億年遙有新微域世界元神者！是通過煩惱層層洗禮而獲得證實的出世間。有之前那種種雜想意圖集結而成煩惱習氣轉變清淨眾生焉，一一幾乎可大的不得了，俱是帶種了義真知。如未知迴向煩惱學習者，名為一般世俗凡人而妄念丁點兒，不祇無明亦且桀驁不馴。

　　有觀照無知焉，稱呼為元神者親眼。背彷彿太山巨大不動，高掛剎那清淨眾生新微域世界。可說是一切隨不可思議觀照而展現高高在上之元神者微妙氛圍。此時此刻發餿的妄念一掃而光，但有各各超越時空圓滿實相，亦過去、現在、未來同時麗景天成矣。然後猶原時時不忘遷居新微域世界，且還我元神高大身九萬里。

斥鴳笑之曰：「彼如何以之為常住不壞身？鴳雀小鳥，遊戲斥澤之中。謂我騰飛雀躍，高不過數尺而下，穿梭於蓬蒿之間，此已能飛之極限。故噇之以高大身材九萬里是不可能，而彼且以為舒適安身立命之所在乎？」

此亦凡身嬌小前所未見大身之莫可比擬，其難以想像而斥為無稽之談！亦即小知不及大知，小年不及大年的爭論。鴳雀小兒，焉知鴻鵠大志？

之註：

- 湯：帝嚳之後，契之苗裔，姓子，名履，字天乙。母氏扶都，見白氣貫月，感而生湯。豐下兌上，身長九尺。仕夏為諸侯，有聖德，諸侯歸之。得賢才伊尹輔佐，以仁德得天下，殷開基之主。
- 湯之問棘也是已：棘者，湯時賢人，亦云湯之博士。列子謂之夏革，革棘聲類，蓋字之誤也。而棘既是賢人，湯師事之，故湯問於棘，詢其至道（取自成疏）。已，如上述亦若是則已矣。
- 窮髮之北有冥海者：窮髮之北，乃舉世人眾生的毛髮予以串連，遙不可及也。如佛經云：離此十萬億佛土之遙，有極樂世界。冥海者，乃新微域世界融為一體元神者。參考首文是鳥也，海運則將徙於南冥。
- 天池：此乃取徑煩惱而得出世間清淨新微域世界。參考首文南冥者，天池也。
- 有魚焉，其廣數千里：一反於本篇首文，北方有魚，其名為鯤。此指煩惱之妄念轉型清淨眾生，來自於世間人有大眾。
- 有鳥焉：此乃有觀照無知焉。參考是鳥也，海運則將徙於南冥。
- 其名為鵬：此乃透過觀照不斷而欲還居元神，是名元神也。

參考前文鵬之背,不知其幾千里也。

- 背若太山:喻此時元神秀出全身,如太山不動,憑以支撐新微域世界。參考前揭鵬之背,不知其幾千里也。
- 翼若垂天之雲:指刹那不住新微域世界。參考首文其翼若垂天之雲。
- 摶扶搖羊角而上者九萬里:有異於前文摶扶搖而上者九萬里,兩句之差?在於羊角的出現,是由長時內觀不斷,經年累月,顯示出來不可思議觀照者若羊之特角,生滅不住也。
- 絕雲氣:指新微域世界是拒絕妄念,而有斷無間隙圓滿實相,超越時空。如道德經第十章專氣致柔。
- 負青天:載虛空山河大地真實相,亦觀照即是眾生,此境界乃過、往、現在同時存在。通前文背負青天而莫之天閼者。
- 然後圖南:然後,如道德經第六十五章然後乃至大順。圖南,通前揭而後乃今將圖南。
- 且適南冥:元神。參考首文海運則將徙於南冥。
- 斥鴳:鴳,雀也,一種小鳥飛不到一尺高。亦作鷃。
- 仞:八尺。
- 翱翔:猶嬉戲。
- 奚適:如何成為舒適安身所在?

故夫知效一官,行比一鄉,德合一君,而徵一國者,其自視也亦若此矣。而宋榮子猶然笑之。且舉世而譽之而不加勸,舉世而非之而不加沮,定乎內外之分,辯乎榮辱之境,斯已矣。彼其於世未數數然也。雖然,猶有未樹也。夫列子御風而行,泠然善也,旬有五日而後反。彼於致福者,未數數然也。此雖免乎行,猶有所待者也。若夫乘天地之正,而御六氣之

辯，以遊無窮者，彼且惡乎待哉！故曰，至人無己，神人無功，聖人無名。

莊子云：夫學習迴向煩惱之徑，以這能知全面追隨人之眼、耳、鼻、舌、身其中一根而去。以此任由日常生活一切枝微末節行為反射於無妄處，得破天荒自己，驚訝連連。是以煩惱妄念歸還內觀者。久而久之，功不唐捐，鐵定證明貫通古今元神清淨新妙域確實存在之真人，是還原元神觀照亦是和平共存於新微域世界生活。

而世人自詡行善有德者宋人宋榮子聞之？如鴲雀鳥兒不免哈哈大笑，直呼戲言！且世之所有讚譽予之而不為所動，非議之亦不更加沮喪。此即內學的當有別於外求，何況言語爭論乎！人生順逆境乎！世之干擾往矣，不復為患，這生命事實真相完全了然於胸。

彼宋榮子埋頭苦幹於內明之學毫無所悉，聞之不免發楞，不足以為怪。雖然有人人稱羨有為善行，不可抹殺的豐功事蹟。仍由不得你單憑事上作為的本領，建立元神永恆不朽清淨微妙世界。

夫鄭人列禦寇，能以空白煩惱隨順凡有事物進入，如是潛移默化內觀不斷，猶未臻於不退轉境地。彼於元神者，莫能不可思議觀照剎那疾乎。此雖然不時無功循之而行，猶有以靜待出凡入聖位。

若夫內學天地當念，之有別於妄念。而以內觀者驗證人之六神同出煩惱域。以莫思議觀照恆順無盡頭元神者。彼清淨新世界近在咫尺哉！

是以真人曰：反求煩惱得真正自己，足以抵禦私念逞一時之快。平日生活具體之行，不正是以無妄內觀者隨順一舉一動扭腰擺頭毫釐事。終也，元神高人千呼萬喚始出來，惟是本來無一物，僅僅還我完好如初不可思議觀照。

之註：
- 知效一官：知，能知，亦妄念。效，模仿，追隨之義。一官，五根（眼、耳、鼻、舌、身）其中之一根。參考道德經第四十四章名與身孰親。
- 德合一君：德，煩惱真相。參考道德經第二十一章孔德之容。一君，內觀者。參考道德經第二十六章躁則失君。
- 徵一國者：徵，證明。一國，元神清淨新妙域。參考道德經第五十四章以國觀國。者，指真人。
- 其自視也亦若此矣：自，元神。如道德經第二十二章論自。視，參考前文，其視下也。亦若此矣：此，指前揭而徵一國。參考道德經第三十八章故去彼取此。
  此乃敘述元神觀照之與新妙域共處情形。簡單的說，元神的視線不可離開新微域世界。
- 宋榮子：宋鈃，戰國時代宋國傑出的思想家，為墨家代表人物之一。
- 斯已矣：天下盡是一個元神自己，乃新微域世界，生命事實真相。參考前揭亦若是則已矣。
- 數數然：數，參考道德經第五章多言數窮。然，隨順。如前所述，奚以知其然也。
  乃是道觀剎那生滅，亦疾乎，之謂內學也。

- 雖然：意指宋榮子世間種種有為善行。相應前句彼其於世未數數然。如前揭論然有二義。
- 樹：此喻元神如樹般巍然屹立之清淨新世界。
- 列子：對列禦寇的尊稱，戰國時鄭國人，生卒年不詳。是著名思想家，學術思想接近黃老，屬道家。唐代天寶元年時被尊封為「沖虛真人」，後人尊稱為列子。
- 御風而行：御，妄念，為煩惱以妄念離間諸根。參考道德經第十四章執古之道，以御今之有。風，隨順之行。如本篇風之積也不厚。

  是以御風，乃以無妄煩惱包容眾生而行。
- 冷然善也：冷，閉口默言。如道德經第五十六章知者不言。然，如前揭數數然。

  此有異於世間有為善行，謂無為內觀之舉。
- 旬有五日而後反：反，元神。如道德經第二十五章遠曰反。

  喻內明之徑未能保持不退轉，此時元神時隱時現，妄念藕斷絲連，作觀功夫尚淺。
- 致福者：元神者。參考道德經第五十八章福兮禍之所伏。
- 免乎行：乃無功用道隨順之行。
- 天地之正：正，參考前揭天之蒼蒼，其正色邪。
- 御六氣之辯：御，此指妄念轉之內觀者。參考前揭御風而行。六氣之辯，指煩惱有妄念，人人六根乃辯論不已，不知是同根生。

  惟有內觀者，可以終結人之六根分崩離析，完成中興大業。
- 至人：真正自己。
- 神人：內觀者。參考道德經第六章谷神不死。
- 聖人無名：聖人，元神者。參考道德經第二章論聖人。無名，不可思議觀照也。參考道德經第四十一章道隱無名。

堯讓天下

堯讓天下於許由，曰：「日月出矣而爝火不息，其於光也，不亦難乎！時雨降矣而猶浸灌，其於澤也，不亦勞乎！夫子立而天下治，而我猶尸之，吾自視缺然。請致天下。」

莊子云：堯欲讓天下於許由。曰：打破虛空也，煩惱裏清淨萬物為之豁然開，是汝於內觀真實智慧，不也是從妄念改弦易轍而來，真正難人之所難乎！

使外滂沱大雨降之，而猶澆灌不息。汝於新煩惱域也，當下渾然清晰畫面亦不退於境，不也夙夜匪懈不累不倦！

夫子得清淨真身，乃是元神來。而我宇宙人生無明情境依然罩頂，吾之內明不足既。請將帝位讓賢予你吧！

之註：
- 天下：如道德經第十三章論天下。
- 堯者：帝嚳之子，姓伊祁，字放勳，母慶都，（嚳）感赤龍而生，身長一丈，兌上而豐下，眉有八彩，足履翼星，有聖德。在位百年，後讓位於舜。史記記載:帝者，放勳，其仁如天，其知如神。許由，隱者也，姓許，名由，字仲武，穎川陽城人。隱於箕山，師於齧缺，依山而食，就河而飲。堯知其賢，請讓以帝位，許由不受。
- 日月出矣：日月，天地障。
  指迴向煩惱一途，乃能破壞天地障產生清淨實相，不受制於時空。

- 爝火不息：爝，火炬，火把。不息，如前文生物之以息相吹也。
  喻煩惱裏主動透出清淨眾生，不受外境干擾，如火炬自燃。
- 其於光也：光，內視之明。參考道德經第四章和其光、同其塵。
- 不亦難乎：難，妄念。參考道德經第六十三章圖難於其易。
- 時雨：滂沱大雨，如雷陣雨。
- 浸：漸矣。
- 灌：澆注。
- 其於澤也：此指元神之煩惱域。參考前揭海運則將徙於南冥。
- 勞：指內觀不退惰。
- 夫子立而天下治：立，清淨真身。天下治：元神者。如道德經第三章為無為，則無不治。
  有清淨身的元神高聳直立，一付雄赳赳氣昂昂。
- 尸：同屍，指元神如屍體橫躺著，已喪失正常的功能，無明煩惱也。
- 自視缺然：自視，內觀。如前文其自視也亦若此矣。然，如前揭未數數然。

許由曰：「子治天下，天下既已治也。而我猶代子，吾將為名乎？名者，實之賓也。吾將為賓乎？鷦鷯巢於深林，不過一枝；偃鼠飲河，不過滿腹。歸休乎君，予無所用天下為！庖人雖不治庖，尸祝不越樽俎而代之矣。」

許由曰：子之治理天下，社稷昇平。何由讓我，吾將為

名乎？名者世事萬物，為人人本來元神過眼雲煙景象，如夢如幻剎那泡影，吾將為幻乎？

由曰：有巧婦鳥棲身茂林深處，擇樹築巢揀一枝足矣；那滔滔江河，鼴鼠取點滴水飲之，亦足以飽矣。吾之外求已罷，知足耳，請君主歸矣。我之無妄煩惱所解放出來的清淨念，是我元神恆順而建構泱泱大域，不同於一切世間有為法！猶如掌理膳饈官怠忽職守，祭祀祝者，亦不棄樽俎於不顧而越權代膳饈官的職務。

夫治外與安內，本來各有所長，雖不相妨礙衝突，亦勿庸多此一舉。

之註：
- 名者：此指世事萬物。如道德經第一章論名。
- 實之賓也：實，觀照，本來元神者。如道德經第三十八章處其實，不居其華。本句釋義，如道德經第三十二章萬物將自賓。
- 鷦鷯：燕雀目鷦鷯科，體型小，鳴聲美，分布於高山區。會用草葉和毛髮等構築整齊舒適的巢。亦稱巧婦。
- 偃鼠：鼴鼠，田鼠，好入河飲水。偃，鼴的古字。
- 予無所用天下為：無所，挖空妄念之煩惱所。如前揭其遠而無所至極邪？用，如道德經第四十五章其用不弊。天下為，參考道德經第六十二章故為天下貴。
- 庖人：職官名，掌理膳饈的官員。周禮.庖人：「庖人，掌共六畜、六獸、六禽，辨其明物。」
- 尸祝：祭祀時主讀祝文的人。
- 樽：酒器。
- 俎：肉器。

肩吾問連叔

肩吾問於連叔曰：「吾聞言於接輿，大而無當，往而不返。吾驚怖其言，猶河漢而無極也；大有逕庭，不近人情焉。」

肩吾問於連叔曰：吾有緣與接輿論及生命大義，其還執著於煩惱空錯失良機，因而莫名嚮往化身以外虛無縹緲的情境，追外孤行，不知反而內學。吾於其言驚懼不已，猶如見宇宙萬有而不考其源頭，逕自避世另求去處；與內學大相違背，其自絕於世事萬物焉。

之註：

- 肩吾、連叔：並古之懷道人。（取自成疏）
- 接輿者：陸通，字接輿，楚人隱居者，好養性，躬耕以為食。楚昭王時，見楚政無常，乃佯狂不仕，故時人謂之楚狂。與孔子同時代的人，莫知所終。
- 聞言：言，生命真相。參考道德經第八十一章信言不美。
- 大而無當：大，參考道德經第四十五章論大。無當，頑空當家作主。

  不知煩惱當下有人生最佳去處，惟執著於頑空，亦叩門而不入，竟以為生命另有出向去處。
- 往而不返：外緣不知內學。
- 猶河漢而無極：河是河流，漢是銀河、天河。極，生命源頭，元神。參考前揭其遠而無所至極邪。

  乃指不解宇宙萬有來頭。
- 大有逕庭：大有，煩惱有新微域世界，內學之徑，不同於前所提及，大而無當。逕庭，相違背。

由此可知與內學背道而馳。

· 不近人情：自絕於世事萬物之外。

連叔曰：「其言謂何哉？」

連叔曰：其所言為何也？

曰：「藐姑射之山，有神人居焉，肌膚若冰雪，（綽）〔淖〕約若處子。不食五穀，吸風飲露。乘雲氣，御飛龍，而遊乎四海之外。其神凝，使物不疵癘而年穀熟。」吾以是狂而不信也。

肩吾引接輿之言，而曰：那遙遠的姑射山，有神聖之人居住焉。肌膚若冰雪白皙，筋骨柔順若未出閣少女。不食人間五穀雜味，唯吸風飲朝露。騰雲駕霧，駕馭飛龍，而悠遊乎萬物之外。其之凝神入定，使人身安無疾患，寒暑不知年。

吾以此離內而外求行徑，謂是期期以為不足以採信。

之註：

· 藐姑射之山：藐，遙遠。姑射山又名石孔山，是呂梁山的支脈。姑射山由姑射神女，為民射虎的傳說而得名。

· 有神人居焉：神人，指此人具有以下：肌膚若冰雪，綽約若處子。有別於前揭神人無功，聖人無名，真正是本來無一物。

· 乘雲氣：有異於前揭絕雲氣，負青天。乃一外一內。

- 五穀者：泛指糧食類作物。如黍、稷（小米）、稻、菽（大豆）、麥。
- 四海：天地耳。
- 神凝：放空煩惱入定，猶專注但未破冰，亦叩煩惱門而不入。參考道德經第六十章其鬼不神。
- 使物不疵癘：使物，如道德經第三章談使字，第十四章論物。疵癘，疾病。
- 年穀熟：謂不知不覺而年至也。
- 狂而不信：不信，不相信反而向內有元神真相。如道德經第三十一章其中有信。
  綜上所言，離內而外求行徑。亦佛家云：離世覓菩提。

     .

連叔曰：「然。瞽者無以與乎文章之觀，聾者無以與乎鐘鼓之聲。豈唯形骸有聾盲哉？夫知亦有之。是其言也，猶時女也。之人也，之德也，將旁礡萬物以為一。世蘄乎亂，孰弊弊焉以天下為事！之人也，物莫之傷，大浸稽天而不溺，大旱金石流土山焦而不熱。是其塵垢秕糠，將猶陶鑄堯舜者也，孰肯以物為事！宋人資章甫而適諸越，越人斷髮文身，無所用之。堯治天下之民，平海內之政，往見四子藐姑射之山，汾水之陽，窅然喪其天下焉。」

連叔曰：所言甚是。眼盲者無以見乎文章之美奐，耳聾者無以聞乎鐘鼓樂聲之繞樑。不獨身體形骸有盲聾缺陷哉？夫人生真實智慧亦有不明究理的偏路。

　　連叔斥接輿所言：荒謬絕倫，猶如處室少女年幼無知，甚是不可理喻。斯元神者，之有新微妙世界也。是將一切虛張聲勢宇宙時空現象，經由妄念回頭的觀照再調整為全是元神美不勝收微妙淨土世界。這混濁世間，是來自於有求而亂了，是誰汲汲營營鑽求焉，是那元神自我設限於煩惱圈兒，成了為所欲為的妄念，霎時天地風起雲湧詭譎異常，之間的人們名利相煎愛恨交加，從此身陷於多事之秋！

　　而這元神者，妄念莫能干涉打擾，原本是無憂無惱。大水如天高浸泡亦不溺斃。天旱不雨，裸岩發燙，大地龜裂，山如火燒焦，亦不受熱惱。其揭露出來全身微乎其微，如巨人般通透無比，但曰：本來無一物。實是匪夷所思妙不可言。

　　是元神動了紅塵俗念，產生如此不堪的陋身肉體。才有想以如猶獸的模樣作成土胚，以鑄造古時完人堯舜者也。暗喻接輿放空執意於凡體的修行，縱然成了姑射山神人，亦是有形有相，不得出離生死門。不若更內有本來無一物的元神不壞身，可以受用完美無缺的新微妙世界。

　　是誰同意放任妄念貪圖世事萬物，非坐擁煩惱的元神而何！復譬喻宋人取章甫到越地交易貨物，而越人斷髮紋身，視之無可用。亦以隱喻宋榮子一生為風塵俗世打拚功業，如越人捨棄本有天生麗質的髮膚，而逐末斷髮紋身。乃指人人本有的內學是通往生命真相惟一途徑，今下彼等棄之不理，

真正是回天無門。

夫堯施外治理國政，四海昇平，人民莫不推崇擁戴。而於內學真實義猶茫茫渺渺，如接輿所言之，姑射山神人虛而無實。雖享有帝都汾陽，統御萬機，尚且悵然元神者之不逮而懊惱不已。此乃莊子取喻以譬，堯之名可拋，利可灑，江山可以不要，畢生但願求一件大事？生命通達足矣。亦所以內明之學的可貴。

（按莊子云：堯未獲內學之前，有讓天下於許由之舉，更有興起窅然喪其元神者的感慨。惟以其孜孜不倦學習精神，到底是終究有得。故言堯、舜、禹、湯、文、武、周公一脈相傳內明之道）。

之註：
- 夫知亦有之：知，人生真實智慧。通道德經第七十章知不知，上。
- 時女：處室之少女。
- 之人也：如前揭聖人無名。
- 之德也：參考道德經第十章是謂玄德。
- 以為一：以為，妄念。參考道德經第十一章無之以為用。一，觀照。通道德經第二十五章而王居其一焉。
- 蘄：有求，妄想。
- 弊弊焉：妄求不斷，疲憊不堪貌。
- 以天下為事：天下，元神者。為事，有為煩惱，為所欲為。如道德經第二章論為字。
- 之人也：指前述元神者。請參考道德經第三十四章功成不名有，對於元神有較深入的剖析。

- 物莫之傷：物，妄念。通道德經第十四章復歸於無物。
- 是其塵垢：其，元神者。參考道德經第三章談其字。塵垢，凡俗念想。通道德經第七十八章受國之垢，是謂社稷主。
- 秕糠：穀不熟為秕，穀皮曰糠。
  喻肉體凡身雜穢不堪。
- 猶：一種野獸，似猴而生性多疑。
- 陶鑄：用土作胚模以鑄造銅器。
- 章甫：一種古代的禮冠，以黑布製成。始於殷代，殷亡後存於宋國，為讀書人所戴的帽子。本是充作首飾，必須以髮髻承冠。
- 往見四子藐姑射之山：往見，參考道德經第四十七章論見。四子，四德也。一本，二迹，三非本非迹，四非非本迹也。（取自成疏）。
  亦即內學生命至善元神者真實義，猶有不解。
- 汾水之陽：出自山西，西南入黃河。水北曰陽，則今之山西省臨汾，昔堯都。
- 窅然喪其天下焉：窅然，猶悵然。天下，元神者。

惠子謂莊子

惠子謂莊子曰：「魏王貽我大瓠之種，我樹之成而實五石，以盛水漿，其堅不能自舉也。剖之以為瓢，則瓠落無所容。非不呺然大也，吾為其無用而掊之。」

惠子謂莊子曰：魏王贈我大瓠種子。我栽植長成，結實甚大，約莫五石重。持此瓠以盛水漿，易脆不堅，不能負荷。分半剖為瓢，遍尋不著有可容的甕缸。是物也，不亦大乎。吾以為其之無用，打破棄之。

核戰國時期群雄並立，各執一方。如不精於算計，恐招來滅國之虞。惠子舉大瓠喻煩惱，以反擊莊子所言：之妄念種子轉機清淨眾生，而重建煩惱域奇大無比。惟十分被動，無法出點子，主動審度時勢，不救時弊。如同此瓠，應予摒除。

之註：
- 惠子：惠施，宋人，為梁國相。是戰國時期的一位政治家、辯客和哲學家。與莊子成為莫逆之交。
- 瓠：瓝之類。
- 魏王：即梁惠王。昔居安邑，國號為魏，後為強秦所逼，徙於大梁，復改為梁，僭號稱王。（取自成疏）
- 貽：贈與。
- 剖：分割。
- 瓢：勺也。

- 呺然：虛大。
- 掊：打破。

　　莊子曰：「夫子固拙於用大矣。宋人有善為不龜手之藥者，世世以洴澼絖為事。客聞之，請買其方百金。聚族而謀曰：『我世世為洴澼絖，不過數金；今一朝而鬻技百金，請與之。』客得之，以說吳王。越有難，吳王使之將，冬與越人水戰，大敗越人，裂地而封之。能不龜手，一也；或以封，或不免於洴澼絖，則所用之異也。今子有五石之瓠，何不慮以為大樽而浮乎江湖，而憂其瓠落無所容？則夫子猶有蓬之心也夫！」

　　莊子云：言夫子定然不了解煩惱域之妙用矣。舉例宋人有世世代代以漂洗布絮為業者，手指因寒凍長瘡，龜裂如同龜背。故研製祖傳不龜手藥，得以保護其手慣於浸水而不受傷害，以延續家族事業。

　　有過客聞之，願以百金，請求買其藥方。而聚族謀議曰：「我等世代為客漂洗布絮事，所得不過數金而已；今有客願出高價，請求出賣手瘡一術，請成全予之」。

　　客既得秘傳之法，遂遊說吳王。一日越國發兵侵吳，吳王遣之為將。冬與越人水戰，兵敷此方，得以不因凍長瘡，

大敗越人，吳王劃地而封之。

此藥無奇而行客善於用之，得以封侯。不凍傷手良方，是其主因；有擅於用之而劃地位侯，或只於莫傷手以為漂洗布絮行業，端取決於意之巧妙運用則果大異也。

今夫子有五石大瓠，何不考慮如舟船汎於江湖，享優遊自在。而竟憂瓢之大，找不到可以對口的甕缸而發愁？則夫子於世情猶有設想不周也夫！

此乃莊子舉不龜手藥，喻得清淨眾生組成煩惱域。此微域特大性質：以含容世有萬物而隨順坐觀時局變化，則民之所需，與國之強弱向背消長，昭然若揭。亦順勢而為，焉有不治之理。何勞千方百計耗盡謀慮，所謂百密亦有一疏之處。是以迴向煩惱是因，會用則果大不同也。

之註：
- 夫子固拙於用大矣：固拙，此言不明瞭煩惱的妙趣橫生。如道德經第五十八章人之迷，其日固久。大，煩惱域。參考前揭大有逕庭。
- 洴澼絖：洴，浮也。澼，漂也。絖，絮也。
  在水中漂洗棉絮為業者。
- 世世：代代，年。
- 鬻：賣。
- 則所用之異也：所用，運用煩惱。有別於前揭予無所用天下為。
- 大樽：載運舟船之類。
- 蓬：昧理，設想不周。

惠子謂莊子曰：「吾有大樹，人謂之樗。其大本擁腫而不中繩墨，其小枝卷曲而不中規矩，立之塗，匠者不顧。今子之言，大而無用，眾所同去也。」

惠子謂莊子曰：吾有大樹，人謂之樗。樗之樹，樹幹隆起不平直歪歪扭扭而繩墨莫能劃，不能取材加以利用。其枝幹彎彎曲曲不挺直，用之於方圓亦無可取。立於行路道旁，木匠工人不屑一顧。樗樹，一點也無有可取之處。

今子之言：煩惱新妙域之共生觀照者，此人非世間色塵分子所組成，是真真實實體無完膚的殊勝身，日日夜夜與你同在，乃人外之人。但不能人盡其才，又有何用！如樗樹為眾之所同棄也。

之註：
・樗：苦木科，落葉喬木。樹皮平滑而有淡白色條紋，幼枝有暗黃、赤褐色細毛，其葉有臭氣。可栽植供作行道樹。亦稱為臭椿。
・大本擁腫：指樹幹隆起而不平直。
・卷曲：不端直。
・規矩：規圓而矩方。
・塗：路道。
・大而無用：大，煩惱新妙域。參考前文：夫子固拙於用大矣。無用，觀照者所顯示出來清淨人，各各了不可得。參考前揭予無所用天下為。

　　莊子曰：「子獨不見狸狌乎？卑身而伏，以候敖者；東西跳梁，不辟高下；中於機辟，死於罔罟。今夫斄牛，其大若垂天之雲。此能為大矣，而不能執鼠。今子有大樹，患其無用，何不樹之於無何有之鄉，廣莫之野，彷徨乎無為其側，逍遙乎寢臥其下。不夭斤斧，物無害者，無所可用，安所困苦哉！」

　　莊子云：子獨不見野貓（喻專注）捕鼬鼠（喻妄念）之狀乎？卑伏縮捲其身，而專注於伺機等候鼠輩之類者；此之類畜東跳西躥，高下不知避；稍一不慎落於野貓機謀圈套（喻突破煩惱得妙真身）中，如死於羅網（喻妄念轉內觀者）。

　　今夫斄牛獸（喻不知清除煩惱凡夫俗眾），此獸形體甚大（喻人之背負一身難以伺候的習氣），但有目空一切自以為大的牛脾氣（乃專注之不了），而行動緩緩矣，不能捕此俐落之鼠（妄念）。

　　今夫子亦有煩惱而憂其無用，何不重返其中元神帶來新的契機，是無一所有，亦無一可得清淨眾生，之展開來新泱泱煩惱域。乃人世之徨徨不安妄念暨念空，是其左鄰右坊一線之隔矣。

　　從今而後，有貼身內觀者隨順眾生逍遙過活。果然如此這般行之有幾多年，畢竟親睹本來元神身無一物，所以不懼

世之刀鉈斧鉞…等危害。又因為煩惱將斷盡了，何來壓力憂惱苦苦相逼元神者呢！

　　這乃是過關煩惱查證屬實有別開生面的元神，當然呈現出來新微域世界，那人間財、色、名、食、睡拋到九霄雲外，更何況有困難痛苦字眼哉！原來高枕無憂搞清楚了！不就是這麼一回事。何須太在意？人當盡其才。

之註：
- 狸牲：狸，野貓。牲，鼬鼠。
- 以侯敖者：以專注待鼠輩之類者。喻得元神真身之前置作業，凡事須隨順專注為之。
- 機辟：機謀。
- 罔罟：羅網。
- 斄牛獸：猶旄牛，出西南藏地。
  喻不知整理煩惱凡夫俗眾，提不起專注之情。
- 其大若垂天之雲：參考本篇之首怒而飛，其翼若垂天之雲。
  比較兩者差異點在翼字：一者煩惱域有真身剎那現象。一者一身煩惱包藏難以調伏妄念習氣。
- 今子有大樹：喻煩惱其中元神。如前文，大有逕庭。雖然，猶有未樹也。
- 無何有之鄉：鄉，煩惱本來故鄉，微域世界。參考前揭：故夫知效一官，行比一鄉。
  敘述微域世界清淨眾生剎那不住，無所有，不可得。
- 廣莫之野：乃煩惱決決無邊域。
- 彷徨：思不安定，亦有為妄念。
- 無為其側：無為，此乃煩惱落空，無明也。其側，一線之隔，亦遠離。
- 逍遙乎寢臥其下：下，參考前文故九萬里，則風斯在下矣。
- 物無害者：物，壓力憂惱…等妄念。如前揭之人也，物莫之

傷。者，此指元神者。參考前揭窮髮之北有冥海者。

· 無所可用：參考前文予無所用天下為。暨大而無用。

· 安所困苦哉：安所，煩惱所全面升格新微域世界。如道德經
第十五章孰能安以動之徐生。

太上清靜經

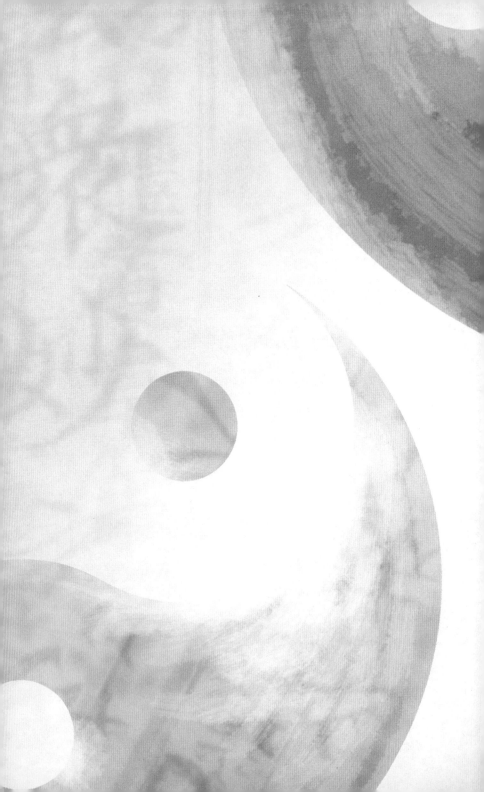

第一章

老君曰：大道無形，生育天地；大道無情，運行日月；大道無名，長養萬物。吾不知其名，強名曰道。

老君曰：人人生命之主乃元神，本來無一物。緣由妄念空襲而六根長矣，是以緊隨而來天地之間伊世事萬物相阻撓不去，這回成為平平凡凡人兒，元神退而求其次埋首煩惱陰暗角落裏，總之目光淺短如豆；之徑迴向煩惱無有妄念，而念念是虛空、山河、大地、一切諸有色眾類；是其中觀照恆順所為，亦喚作有眼光的元神目不暇給清淨新微域世界，這時一點對立障礙也無。

吾實在不知何以來形容而叫出祂的名。祇是為了有益於學習方便，勉強拈來一字，曰：道。

之註：
- 大道無形：大道有三：一、人人生命之主，元神。二、迴向煩惱之徑。三、觀照。如道德經第十八章大道廢，有仁義。無形，本來無一物。如道德經第四十一章大象無形。
- 生育天地：生，此對後之天地而言，是元神重燃妄念。育，人之長六根（眼、耳、鼻、舌、身、意）矣。
  元神妄念復燃，人之六根長矣，那時空天地再現，千阻萬隔相對陰影為之難了。
- 運行日月：日月，日之所照，月之所披，喻天地之間一切色類。運行，參考莊子逍遙遊篇：海運，則將徙於南冥。

- 無情：無私念，妄念斷。
- 無名：觀照的本質是無知。如莊子逍遙遊：聖人無名。
- 長養萬物：元神新微域世界。如道德經第十章長而弗宰。道德經第三十四章衣養萬物而不為主。
- 強名曰道：參考道德經第二十五章吾不知其名，字之曰道。

第二章

夫道者，有清有濁，有動有靜，天清地濁，天動地靜；男清女濁，男動女靜，降本流末，而生萬物。

老君曰：夫生命元神者。有清淨新世界亦有煩惱人世間。這煩惱有妄念亦有內觀。的確新世界穿行的清淨眾生，來自於凡情諸有之類屬，是當著無妄念的面轉進煩惱所成。一旦清新世界有妄念鑽動，內觀者就此埋沒天地之間。

世事萬物本來清淨，因煩惱有貪念作梗而變質時空過度膨漲現象。世間之所以無常變化，種種相隔障礙難去，緣人人忘了自家本有內觀。

降伏住元神一失足成了煩惱之妄圖雜念，自然流露出一股空前未有的清新眾生。這乃是經歷觀照的元神，亦即生生不息新微域世界。

之註：
- 道者：元神者。參考道德經第十五章古之善為道者。

- 清：清淨眾生，新微域世界。參考道德經第四十五章清靜為
  天下正。
- 濁：煩惱。參考道德經第十五章渾兮其若濁。
- 有動：妄念。參考道德經第五十章人之生，動之死地。
- 有靜：靜，內觀。參考道德經第十六章歸根曰靜。
- 天清地濁：天，煩惱域新世界。參考道德經第九章功成身
  退，天之道。地，世境。參考道德經第八章居善地。
- 男清女濁：男，喻世間。女，喻妄念。參考道德經第二十七章
  知其雄，守其雌。
- 男動女靜：男動，動盪不安凡世間，來自於有妄念。女靜，妄
  念先奪走內觀。
- 降本流末：本乃元神，有俱生妄念與清淨念。參考道德經第
  三十九章故貴以賤為本。
  此言降伏煩惱之妄念而生出清新眾生，亦即清淨念。
- 而生萬物：而，又，表示平列連詞。
  是以而生，乃說明煩惱流出清淨萬事萬物，亦同時稱之為觀
  照者來臨，而俱是妄念之一體兩面。參考前一章大道無形，
  生育天地。道德經第三十四章萬物恃之而生而不辭。

第三章

清者濁之源，動者靜之基。人能常清淨，天地悉皆歸。

老君曰：元神是新世界自由來自由去眾生者，相對地亦
煩惱之根源。那妄念者是觀照落難了，元神所以從天而降來
之一般凡夫眾生。

人能一切時一切處恢復無妄內觀相續斷不了。這麼一來註定天地不還原元神新微域世界也難，宇宙人生事實真相。

之註：

- 清者：元神即是清淨新世界眾生者。參考第二章夫道者，有清有濁。
- 動者靜之基：動者，妄念者。參考第二章有動有靜。基，元神。參考道德經第三十九章高以下為基。
- 常清淨：常，參考道德經第十七章復命曰常。清，煩惱域。如第二章有清有濁。淨，塵俗妄念不來。

平日有內觀者守門煩惱域，之妄念漸漸告別矣，如此簡稱之無妄內觀。

- 天地悉皆歸：參考道德經第二十二章誠全而歸之。

第四章

夫人神好清而心擾之，人心好靜而欲牽之。

老君曰：夫人之元神好清淨新世界，而煩惱干擾之。人之煩惱好內觀而妄念牽絆不斷。

之註：

- 人神：人人之煩惱，或是其中元神。參考道德經第六章谷神不死。
- 人心：凡人有煩惱。參考道德經第八章心善淵。
- 欲：妄念。參考道德經第一章故常無欲以觀其妙。

第五章

常能遣其欲而心自靜，澄其心而神自清，自然六欲不生，三毒消滅。

老君曰：是以唯有清淨念能收拾妄念，而煩惱歸還原始的我元神內觀。待無知觀照復明，是我煩惱完全清醒過來，此時有眼力的元神因而洞開新微域世界。於是這般高高大大的元神起身恆順眾生，才發現明明吾之有身，怎奈是大患，之前所未有良深感觸。自然而然企圖非為遠離，有貪嗔痴煩惱不再頻頻作亂。

之註：
- 常能遣其欲：常，如道德經第十七章知常容，容乃公。
- 心自靜：自，指元神。如道德經第二十二章論自。
- 澄其心：澄，使水沉澱而清。
  使之妄念轉矣，而煩惱的無知觀照表面化。
- 神自清：神，此指煩惱。清，如第二章夫道者，有清有濁。
- 自然：如道德經第二十五章道法自然。
- 六欲：指凡人而有六根：眼、耳、鼻、舌、身、意皆帶種識，無非貪嗔痴妄念霸佔為患。

第六章

所以不能者，為心未澄，欲未遣也。

老君曰：之煩惱所以莫能體會此元神者的凡夫眾生，為平時未能提起無妄內觀隨順之行，妄念無法排除。

之註：

- 所以不能者：所，煩惱所。參考道德經第八章處眾人之所 惡。不能者，乃元神者不了之凡夫俗子。
- 心未澄：參考第五章澄其心而神自清。

第七章

能遣之者，內觀其心，心無其心；外觀其形，形 無其形；遠觀其物，物無其物。三者既無，唯見於 空。

老君曰：能拆解妄念之者。專注其煩惱，妄來了妄去 了，真的招架乏力，各各亦非我所有，但守護其中妄念薄 了；那外之眾生觀察其中所露出原形，形形留不得，亦非其 有形體老樣子；復以亡念觀其中所顯示清淨念，之念既生既 滅，亦非先前牢不可破私念，是以遠近俱斷。

以上三者既然是煩惱其中剎那剎那不住真正自己身影， 惟能見各個清淨人眾光明正大出現於念空是也。

之註：

- 內觀其心：內觀，本經為區隔內外有別，此之仍以門外專注 之情解之較宜。參考道德經第十章論一。心，參考第四章人 心好靜而欲牽之。
- 心無其心：煩惱其中妄念滾動異常之速，是以亦非我所擁有 權。
- 遠觀其物：遠觀，參考道德經第二十五章逝曰遠，遠曰反。

其物，此指清淨念。如道德經第二十一章恍兮惚兮，其中有物。

- 物無其物：其物，此指舊妄念。如道德經第四十二章故物或損之而益。
- 三者既無：乃前揭三者俱是說時遲那時快，留也留不住。
- 唯見於空：見，參考道德經第四十七章不窺牖，見天道。

第八章

觀空亦空，空無所空，所空既無，無無亦無，無無既無，湛然常寂，寂無所寂，欲豈能生，欲既不生，即是真靜。

老君曰：內觀煩惱念空當中不得了妙身，亦本來空了念是也。能觀本來無妄念，不正是煩惱所滾滾而來的清淨諸多眾類。煩惱所眾生形，既不可多得。能所亦無一可得。能所既然無所有。此了了分明隨之觀照當下，這才看破了宜古宜今的清淨新微域再現。是以很顯然不可思議觀照光復的元神，亦即是新微域世界疾疾清淨眾生相。

這簡直要命改革煩惱妄想豈能生，雜思既然不來，即是真個兒喬遷新微域世界的元神，有異於凡人新視野。

之註：
- 觀空亦空：觀，指入門之內觀。空：一、煩惱念空之中稍縱即逝妙眾生。二、本來空念也。

- 空無所空：空無，能觀無有妄念。所空，煩惱所快快閃的清淨眾生，不肯稍歇。參考第六章所以不能者。
- 無無亦無：一無，乃上述空無能觀。二無，亦上述所空眾生形。三無，了不可得。
- 湛然：湛，了了分明。參考道德經第四章湛兮似或存。然，隨順。參考道德經第六十五章然後乃至大順。
- 常寂：常，觀照無知。參考道德經第十六章不知常，妄作凶。寂，亙古具體而微新微域。如道德經第二十五章寂兮寥兮。亦請參考佛經云：寂而常照。
- 寂無所寂：寂無，指新微域原來卻是儲存妄念之所在，於今完全翻轉過來瞬間觀照，如此相互依偎的狀態，解讀為不可思議觀照。所寂，乃新微域世界流逝不已清淨眾生，妄念逕自消失於茫茫妙人群中。如前揭空無所空。請參考佛經云：照而常寂。
- 真靜：真，參考道德經第二十一章其精甚真。靜，究竟觀照之元神復出，乃長的高大甚深模樣。

第九章

真常應物，真常得性，常應常靜，常清靜矣。

老君曰：果然學習煩惱有容身餘地，這現前一切人、事、物。煩惱域，即是得日常生活行、住、坐、臥，對人、對事、對物發明清淨妙身。如今微域隨順內觀之際，當時更新惱念。時至某一日，遠古以來清淨新微域暨併存觀照者出現，乃是元神的臉面完美揭曉。

之註：

- 真常有二：一指學習回歸煩惱。二乃得煩惱域。參考第八章即是真靜。常，參考第五章常能遣其欲而心自靜。
- 得性：親證煩惱裏透露出清淨妙身。
- 常清靜：闡述新微域與觀照者共存共榮現象。參考第三章人能常清淨。道德經第四十五章清靜為天下正。

第十章

　　如此清靜，漸入真道。既入真道，名為得道。雖名得道，實無所得。為化眾生，名為得道。能悟之者，可傳聖道。

　　老君曰：如是不可思議觀照的元神，漸次契合新微域世界。既然契入新微域世界，謂之得有遠見元神。雖稱得元神，緣其本來畢竟空、所化生清淨人眾類了不可得，實實在在無所得。

　　是為權巧方便於眾生學習，暫且稱之為得道。如若因而學會了開光元神者之人，可教授此祖祖相傳內明之學。

之註：

- 如此清靜：指前述新微域與觀照者倆相混為一談，如此是不可思議觀照元神。
- 漸入真道：入，不二之義。如道德經第六十一章小國不過欲入事人。真道，新微域世界。參考第九章真常得性。
- 雖名得道，實無所得：得道，得本來無一物的元神。亦請參

考道德經第三十四章功成不名有。針對元神畢竟空的模樣，較有鞭辟入裡的描述。實，指元神以之觀照化生清淨人眾類。如莊子逍遙遊篇名者，實之賓。

· 聖道：反向內學。

第十一章

太上老君曰：上士無爭，下士好爭，上德不德，下德執德，執著之者，不明道德。

太上老君曰：上根學人，內學隨順而已，外無所求。下根學人，好於奔走世事，爭求不斷，煩惱無盡。

上根真人，得元神新微域世界，亦一無所得。下根凡夫，有意行善積德，執著此之者，不明反求煩惱學。

之註：

· 上士無爭：上士，如道德經第四十一章上士聞道。無爭，參考道德經第三章不尚賢，使民不爭。

· 上德不德：元神新微域世界。參考道德經第三十八章上德不德，是以有德。

· 下德執德：參考道德經第三十八章下德不失德，是以無德。

· 道德：反求煩惱法。

第十二章

眾生所以不得真道者，為有妄心。

老君曰：人人之煩惱所以不得清淨妙眾生，為是有妄念作怪。

之註：
- 眾生所：所，如第八章空無所空。
- 真道者：元神清淨妙身。參考第十章既入真道，名為得道。第二章夫道者。

第十三章

既有妄心，即驚其神，即驚其神，即著萬物，即著萬物，即生貪求，即生貪求，即是煩惱。

老君曰：既有愛恨交織惱怒煩，即干擾新微域世界。亦即元神頓時一點蛛絲馬跡不留，即把世事萬物當真。亦即執著於一切諸有，即生貪求。亦即貪慾揮霍無度，那即是無邊煩惱。

之註：
- 神：參考第四章夫人神好清而心擾之。

第十四章

煩惱妄想，憂苦身心，便遭濁辱，流浪生死，常沉苦海，永失真道。

老君曰：煩惱妄想不斷，憂慮連連，必是勞神傷身，便遭煩惱欺凌不已。當然橫逆諸途，生了又死，死了又生，疲勞也乎。這麼多采多姿妙眾生嘛！如石沉煩惱任憑妄念壓的喘不過氣，永無出期，永失內在一方樂土。

之註：

- 濁辱：濁，煩惱。參考第二章天清地濁。辱，妄念。參考道德經第四十一章大白若辱。
- 苦海：煩惱。
- 永失真道：真道，如第十章既入真道。

第十五章

真常之道，悟者自得，得悟道者，常清靜矣。

老君曰：人人內學煩惱之由徑。能親身提起專注用功，而證實其中有清淨人之者，真正得相偕並行的內觀者是元神嶄露頭角。得不可思議觀照之元神者，可以享有目視所及新微域世界，其樂融融自不在話下。

之註：

- 真常之道：煩惱之由徑。如第九章真常應物。
- 悟者自得：悟者，親自證明清淨人者。參考第十章能悟之者。自得，真正得生生世世與我同行無妄內觀者，是元神初醒時分。參考第五章自然六欲不生。
- 得悟道者：得悟，承上句乃得不可思議觀照。道者，元神者。如第三章夫道者，有清有濁。

- 常清靜：元神新微域世界。如第九章常應常靜，常清靜矣。第十章如此清靜，漸入真道。既入真道，名為得道。

國家圖書館出版品預行編目資料

老莊之道 / 張俊星 著
--初版-- 臺北市：蘭臺出版社：2016.02
ISBN：978-986-5633-19-6（平裝）

1.道家 2.老莊哲學

121.3 104025466

中國思想史研究叢刊 5

老莊之道

作　　者：張俊星
編　　輯：高雅婷
美　　編：塗宇樵
封面設計：塗宇樵
出 版 者：蘭臺出版社
發　　行：蘭臺出版社
地　　址：台北市中正區重慶南路1段121號8樓之14
電　　話：(02)2331-1675或(02)2331-1691
傳　　真：(02)2382-6225
E—MAIL：books5w@yahoo.com.tw或books5w@gmail.com
網路書店：http://bookstv.com.tw/
　　　　　http://www.5w.com.tw/
　　　　　http://store.pchome.com.tw/yesbooks/、華文網路書店、三民書局
　　　　　博客來網路書店 http://www.books.com.tw
總 經 銷：成信文化事業股份有限公司
電　　話：02-2219-2080　傳　真：02-2219-2180
劃撥戶名：蘭臺出版社 帳號：18995335
香港代理：香港聯合零售有限公司
地　　址：香港新界大蒲汀麗路36號中華商務印刷大樓
　　　　　C&C Building, 36,Ting, Lai, Road, Tai,Po, New,Territories
電　　話：(852)2150-2100　傳真：(852)2356-0735
總 經 銷：廈門外圖集團有限公司
地　　址：廈門市湖裡區悅華路8號4樓
電　　話：86-592-2230177　傳　真：86-592-5365089
出版日期：2016年2月 初版
定　　價：新臺幣320元整（平裝）
ISBN：978-986-5633-19-6